ダイヤモンドより平和がほしい

子ども兵士・ムリアの告白

後藤健二

汐文社

もくじ

シエラレオネ。

アフリカの西部、太西洋岸に位置するこの国は、「平均寿命《へいきんじゅみょう》が世界で最《もっと》も短い国」として知られています。

長引く戦争は、国民の生活を苦しめ、たくさんの人が戦闘《せんとう》にまきこまれて亡《な》くなりました。

シエラレオネは、質《しつ》の高いダイヤモンドの産地《さんち》としても知られています。

しかし、このダイヤモンドは国民の生活を豊《ゆた》かにはしてこなかったのです。

その利益《りえき》は戦争の費用《ひよう》となり、銃《じゅう》などの武器《ぶき》に変えられてしまいました。

そして、その銃《じゅう》は、大人だけでなく、子どももにぎったのです……。

SONIC

シエラレオネ共和国

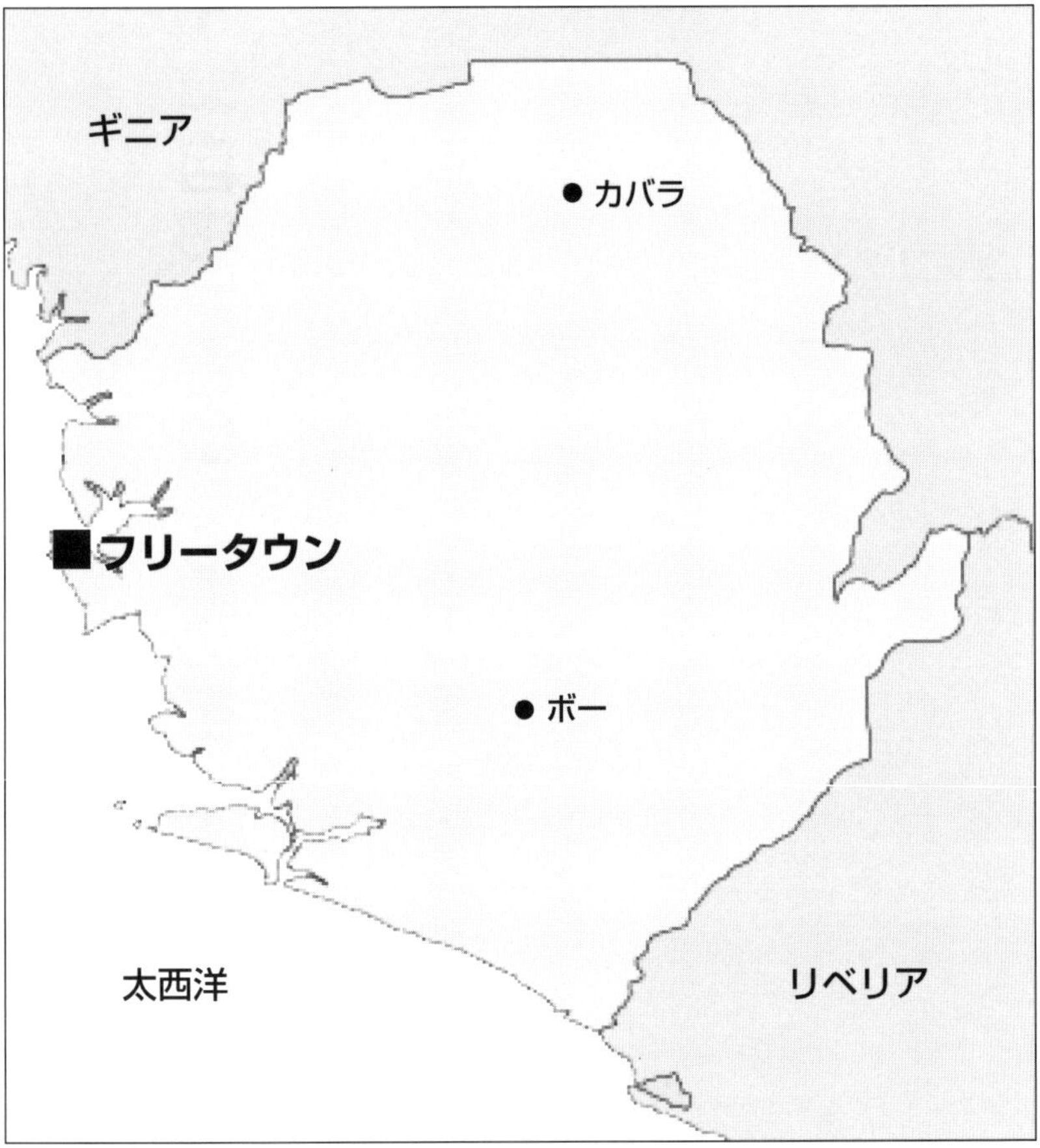

1 「自由」という名の街《まち》

旧型《きゅうがた》の小さな旅客機《りょかっき》から外に出たとたん、わたしの背中《せなか》にどっと汗《あせ》がふき出してきました。

しめった空気が太陽に照《て》りつけられて、うだるような暑さです。

ようやく着いたとホッとする一方で、わたしは、この先いったいどんな出会いや出来事が待っているのだろうという不安も感じていました。

西アフリカのシエラレオネ。この国では政府と反政府軍の間で、もう十年近く戦争が続いていました。

「日本人かい？」

とつぜん、金ぶちの黒いサングラスをかけた若い男に声をかけられました。

「ええ、あなたは？」

わたしは少し警戒《けいかい》した感じでぶっきらぼうに答えました。

「シエラレオネ人だよ。何しに来たんだい？　ここは初めて？　知り合いはいるのかい？」

わたしは初めてこの国に来たのですから、もちろん知り合いはいません。そこで、この男性に空港から街《まち》までどう行けばいいのか、教えてもらうことにしました。

彼《かれ》について行き、古めかしいヘリコプターに乗りこみました。

いっしょに乗り合わせた乗客は十四人。わたしの他にアジア人はいませんでした。

ヘリコプターの激《はげ》しい振動《しんどう》と音は、不安な気持ちをますます大きくします。よごれた丸窓《まるまど》から外をのぞくと、青い海の上には灰《はい》色のイギリスの軍艦《ぐんかん》が模型《もけい》のようにうかんでいました。

空港から、およそ十五分で首都《しゅと》のヘリポートへ着きました。

シエラレオネの首都フリータウン。

人口百五十万人、むかしは西アフリカの国ぐにの中でいちばんさかえた街でした。でも、十年近く続いた政府と反政府軍の激しい戦いで街はあれはて、様子は一変してしまいました。ダイヤモンドや鉱石《こうせき》の取引きでにぎわった、かつての面影《おもかげ》はありません。

この戦争で、市民の十人中七人以上が家をなくしてしまったといいます。

わたしがシエラレオネを取材しようと考えたのは、一枚《まい》の写真がきっかけでした。その写真には、両方の腕《うで》に白いプラスチック製のギプスをはめた人が写っていました。ギプスのちょうど手首から先の部分は、ま新しい金属でハンガーの柄《え》のような形になっています。

ギプスをはめた人はうれしそうでもなく、悲しそうでもなく、うつろな眼でまったく感情のない表情をしていました。

両腕《うで》をなくしてギプスをしていることは、写真を見ればわかります。でも、なぜ、その人はそんな表情になってしまったのか、いったい何があったのだろうと、わたしはとても気になりました。

その写真に写っていたのは、シエラレオネの戦争で傷《きず》つけられた人の姿《すがた》だったのです。

いったいこの国で何が起こっているのか、見たい、知りたいと強く思ったわたしは、ビデオカメラを手にしてシエラレオネに向かったのです。

2　手や足をうばわれた人たち

わたしは空港で声をかけてきた男性とその友人に、取材を手伝ってもらうことにしました。

「まず、戦争で兵士たちに手や足を切られたという人たちに話を聞きたいんだ。」

わたしは彼《かれ》らに伝えました。

「ああ、わかった。アンプティの人たちだね。」

〝アンプティ〟とは、手や足を切り落とされた人たちという意味です。

自分たちの村がおそわれ、家をなくした人たちが住んでいる場所があると聞いて、さっそくたずねてみることにしました。フリータウンの郊外《こうがい》にあるそのキャンプは、

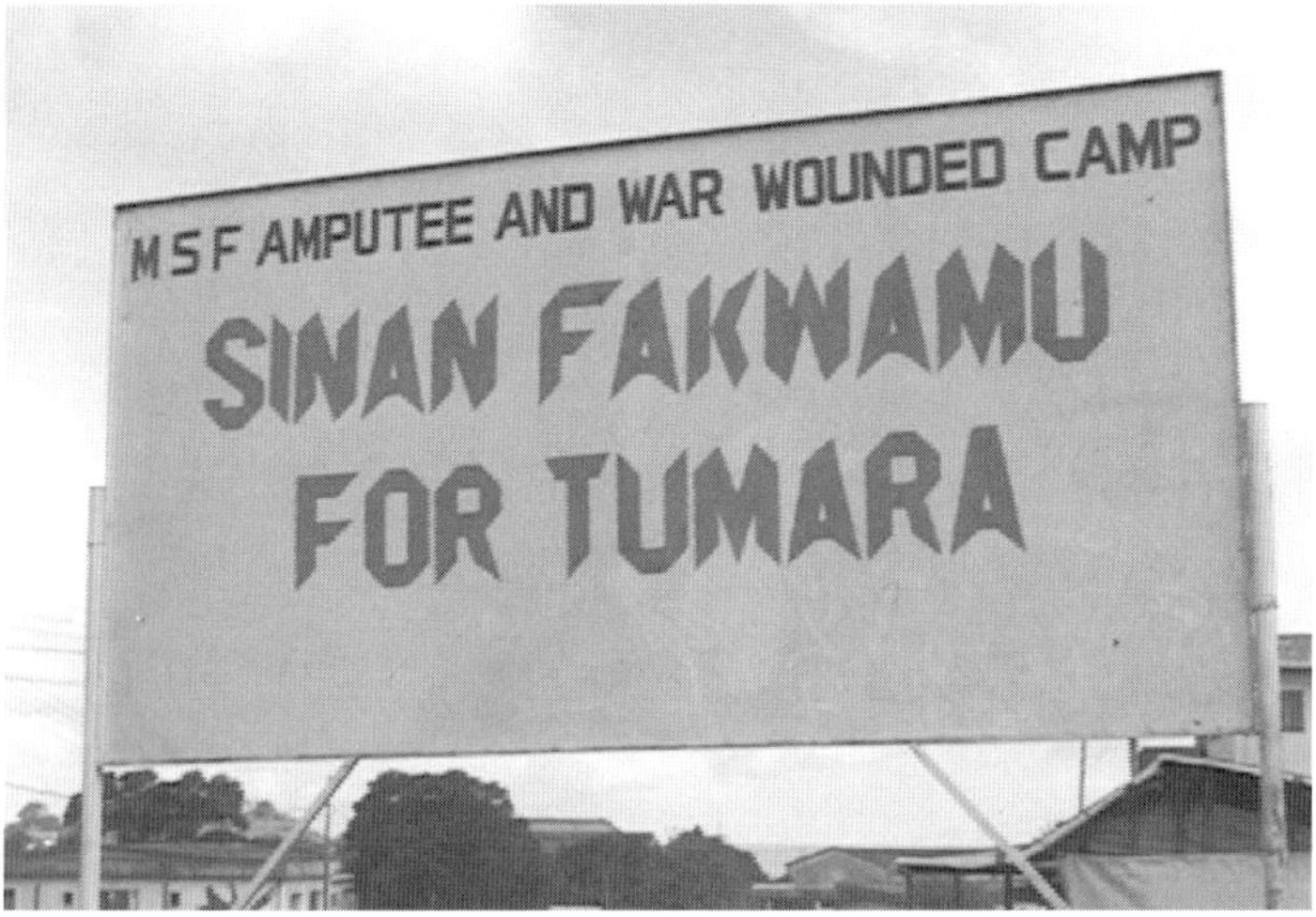

「希望のある明日」と書かれたキャンプの看板

〃アンプティ・キャンプ〃とよばれていたのです。

道路わきに立てられた看板《かんばん》には、『戦争で傷《きず》つけられた人たちのキャンプ』とかかれていました。

腕《うで》にギプスをしている人や片足で松葉づえを使いながら歩く人の姿《すがた》が目に飛びこんできました。

その人たちは、あの写真で見た人と同じ表情をしています。

このキャンプにいる人たちは、反政府軍によって手や足を切り落とされた人たちとその家族だったのです。

およそ七百世帯《せたい》、二千人がくらすアンプティ・キャンプ。地方で起こった戦闘《せんとう》が国全体に広がっていく中で、犠牲者《ぎせいしゃ》はどんどん増えていきました。

このキャンプは、フランスのNGO『国境《こっきょう》なき医師団《いしだん》』と『ハンディキャップ・インターナショナル』によって運営《うんえい》されています。

手や足を失った人たちにとって仕事を見つけることはかんたんなことではありません。そのため、月に一度、国連食料計画（WFP）による食料の配給《はいきゅう》が行われています。

小麦は一人あたり九キログラム、他にトウモロコシと大豆の粉、豆、植物油が配給されていました。

二千人分の食べ物を配る作業は、まる一日がかりで行われます。

キャンプの人たちは、炎天下《えんてんか》の中で長い時間列を作って待たなくてはなりません。

「その水をひと口、飲ませてくれないか。」

わたしが持っていたミネラルウォーターのボトルを見て、一人の男性が声をかけてきました。

「あ、これ？　いいですよ。」

「朝から何も食ってないんだ。口にしたのはこの水だけだ。」

そう言うと、わたしのミネラルウォーターをごくごくといっぺんに飲みほしてしまいました。

男性は、サクバー・クヤテさん（三十八歳）でした。

彼《かれ》の右腕《うで》は手首とひじの間からなくなっていました。反政府軍におそわれたのです。

彼は、地方にあるフランスの宝石会社のダイヤモンド採掘場《さいくつじょう》で働いていた時、そこを占拠《せんきょ》しようとおそってきた反政府軍の兵士たちによって、右手と両耳を切り落とされました。

「彼らがおそってきた時のこと、話してもらえますか？」

「あの日のことは忘《わす》れもしない。やつらは、五千人以上もいた。そう思うくらい、たくさん。兵士がおれの手をつかんで、切った。いきなりだった。」

サクバーさんの話を聞き始めると、周囲に人が集まり始めました。みんな、手か足かあるいは体のどこかを切り落とされて失っていました。

その人だかりの向こうも、同じように手や足を失った人たちが行き交っています。

トタン板でできたそまつな建物の前には、手首に包帯《ほうたい》をした年老《としお》いた女性が、ボンヤリと腰《こし》を下ろしていました。

「あんたに、その時のことがわかるかい？　おれは抵抗《ていこう》したんだ。そうしたら、手を切られ、耳を切られ、足まで撃《う》たれたんだ。」

サクバーさんはケガをしたところを見せてくれました。

「なぜ、彼らは耳まで？」

「抵抗したからさ。それからおれは、おそわれたところから十一マイルも歩いた。

身体中に傷《きず》を負ったまま、十一マイルもだよ。」
わたしは思わず何度か聞きなおしました。傷口が癒《い》えたとはいえ、サクバーさんの姿《すがた》はとても痛々《いたいた》しく、彼《かれ》が信じられないほどの生命力と運を持ち合わせていたとしか思えないほどだったからです。
「見つからないように、昼はやぶの中で寝《ね》て、夜通し歩いた。何の手当ても受けずに、まる四日間、とにかく逃《に》げ続けたんだ。」

サクバーさんが働いていた地方都市コノは、シエラレオネ最大のダイヤモンド鉱《こう》山《ざん》のある町でした。サクバーさんは、そこでふつうの人の三倍以上をかせぐほどの働き者でした。

シエラレオネのダイヤモンドは、まぶしいほど透《す》きとおっていて、世界で一番品質がいいと言われています。

シエラレオネの国の経済を支えてきたダイヤモンド産業は、反政府軍が戦争をしかけるための資金源《しきんげん》になって行きます。

ダイヤモンドを手に入れようと、反政府軍はダイヤモンド鉱山のある地域《ちいき》を次々とおそい、支配して行きました。

彼らは抵抗《ていこう》する人たちを捕《と》らえ、手や足を切り落とすという残虐《ざんぎゃく》な行いをくり返しました。人々を怖《こわ》がらせて、自分たちの言いなりになるようにしたのです。

3　家族をおそった子ども兵士たち

配給所《はいきゅうじょ》の前には、配給カードを持った人たちの長い列ができていました。横からわりこんできた人に文句を言ったり、言い合いも起こっていました。松葉《まつば》づえに身をあずけて待っている十四、五歳の少女の姿《すがた》もあります。

サクバーさんと同じくらいの年齢《ねんれい》の男たちは列の一番後ろの方です。

「もう一時間以上待ったよ。食料をもらうのは大変なんだ。家族が多くいるとねえ、三人、四人と家族が増えるほど、後ろにならべって言われるんだよ。だからこうして待ってるんだ。」

サクバーさんがこのキャンプにきたのは一年前。一つの部屋に奥《おく》さんと子ども五人でくらしています。

子どもたちのなかには養女《ようじょ》がいます。メムナちゃんといいます。妻《つま》エリザベスさんの姉の娘です。

三歳になるメムナちゃんですが、彼女もまた、反政府軍によって右手を切り落とされていました。

(こんなに小さな子が逆《さか》らうはずもないのに、なぜ？　兵士たちは狂《くる》っている…)

わたしはこの時、自分の腕《うで》がじーんと痛《いた》くなるのを感じました。

メムナちゃんがおそわれたのは、一年前のこと。

勢《いきお》いにのった反政府軍が、地方から首都《しゅと》フリータウンへ攻《せ》め入ってきた時のことです。

反政府軍の残酷《ざんこく》なやり方はこれまでよりも激《はげ》しくなっていました。無差別《むさべつ》に銃《じゅう》を乱射《らんしゃ》し、家に火をつけ、逃《に》げまどう市民たちをつかまえては、列にならばせました。

そしてまるで流れ作業のように手や足を切り落としていったといいます。

メムナちゃんの一家もサクバーさん一家もその場から逃《に》げることはできませんでした。

サクバーさんの妻《つま》でメムナちゃんのおばのエリザベスさんは、両親と右手をなくしたメムナちゃんを引き取り、自分の娘として育てています。

エリザベスさんはその時のことを話してくれました。

自分たちをおそった反政府軍の兵士は、十歳前後の子どもたちのグループだったといいます。

「そのグループはジョンタとよばれていました。リーダーは十二歳と聞きました。」

わたしは一瞬《いっしゅん》、自分の耳を疑《うたが》いました。

「子どもの兵士たちだったのですか?」

「銃《じゅう》を持っていたのはほとんどが十歳前後の子どもたちでした。

最初、わたしたちはメムナの家族といっしょにモスクにかくれていたんです。

でも、ジョンタ・グループの子ども兵士たちに見つかって、わたしたち全員が建

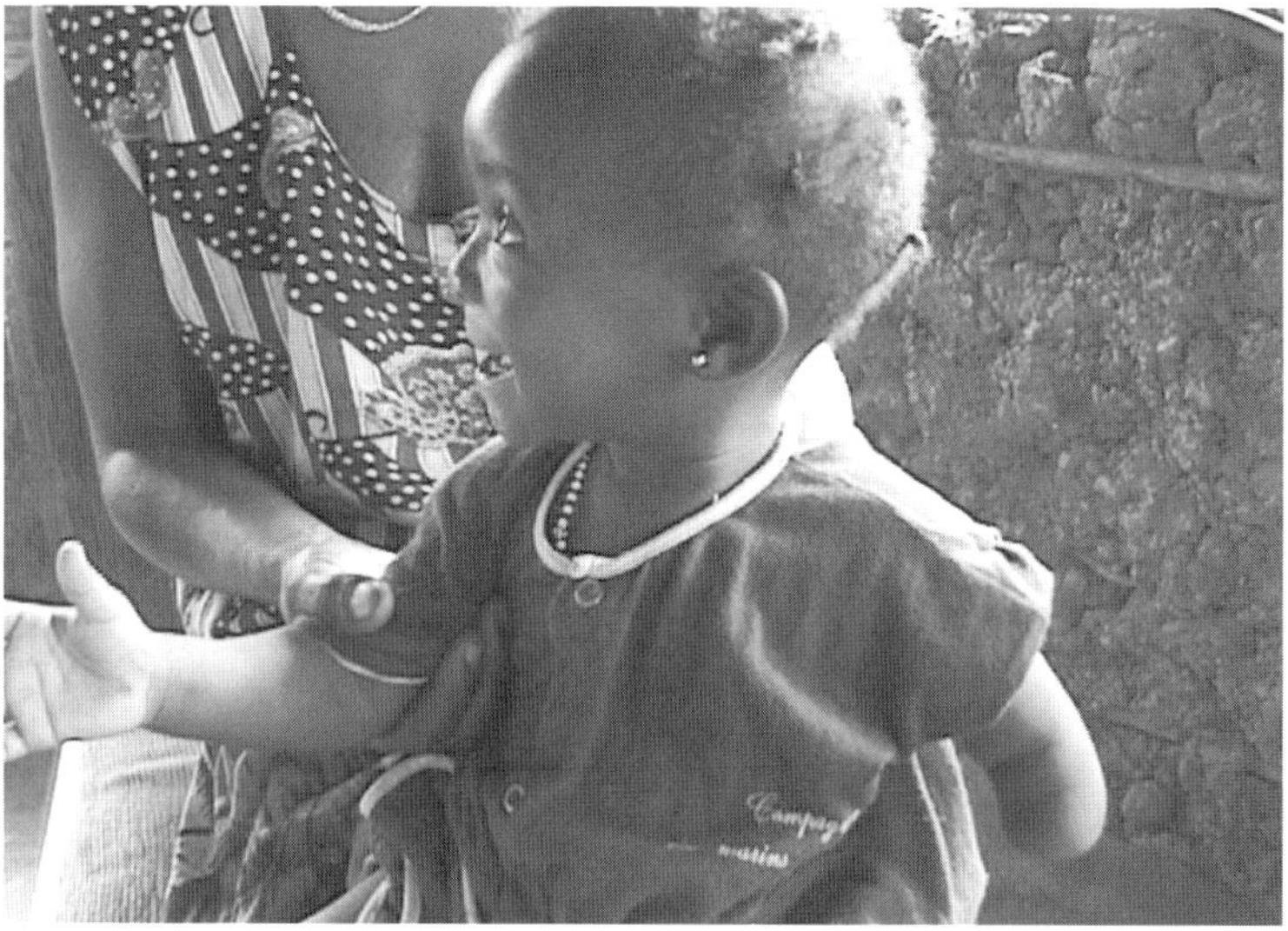

握手しようとして右手をのばす赤ちゃん

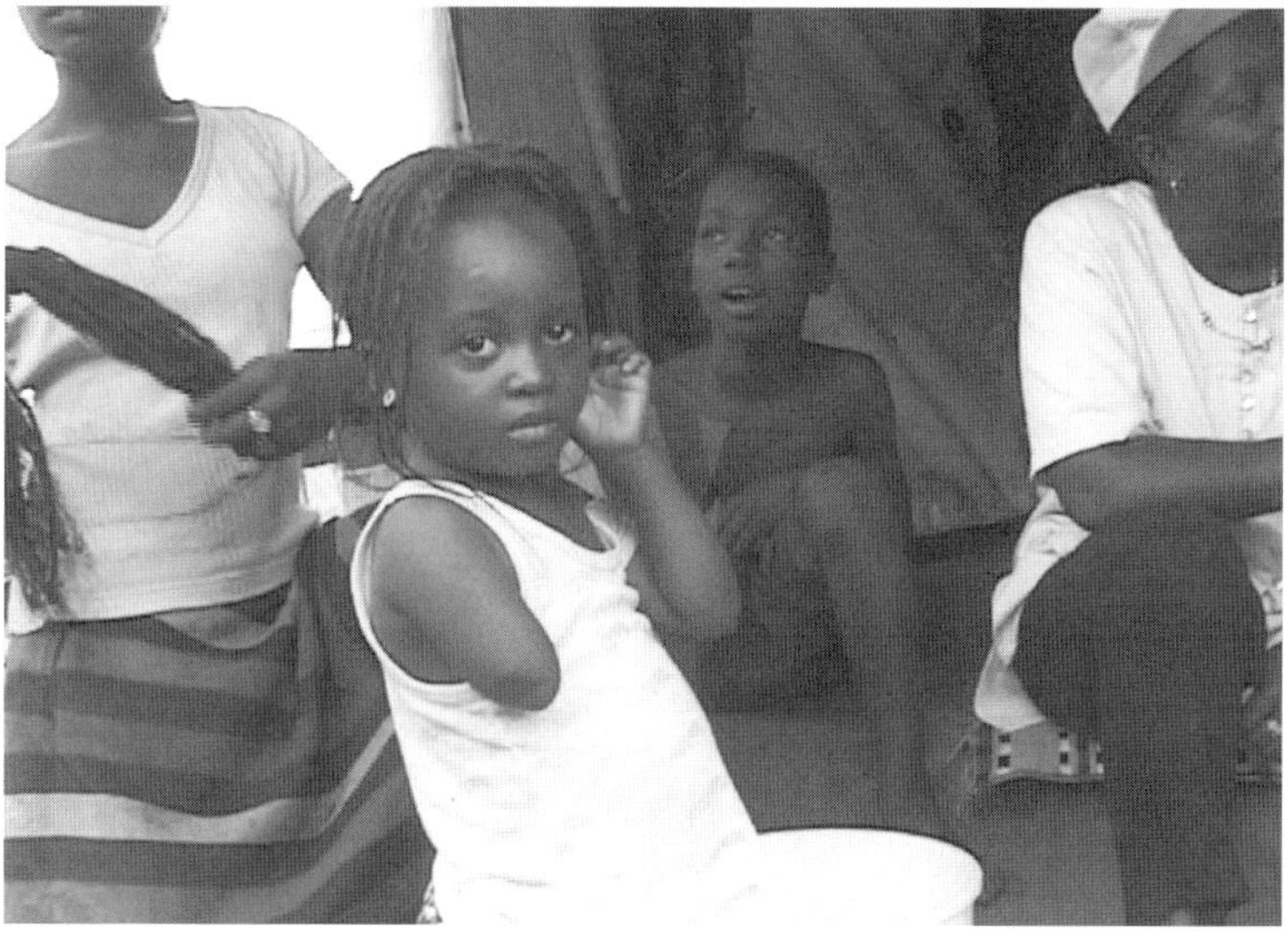

メムナちゃんは幼稚園の学費が払えず退学に。

物の外に出されて、ならばされました。

小さい体なのに大きな銃《じゅう》を持った子ども兵士たちは、わたしたちの列に向かっていきなり銃を撃《う》ち始めました。

その時、メムナは泣いていて、母親がかばおうとしました。すると、彼《かれ》らは母親を撃ち、メムナを連れて、その場を笑いながら去って行ったのです。」

反政府軍の子ども兵士たちが、街中《まちじゅう》を恐怖《きょうふ》におとしいれたあと、メムナちゃんは行方《ゆくえ》がわからなくなっていました。

三日後、メムナちゃんは見つかりましたが、その時には彼女《かのじょ》の右手はもうなくなっていたのです。

さいわい、ケガをしたメムナちゃんを見つけた人がすぐに手当てしてくれていたので、命は助かりました。

サクバーさんは、わたしに言いました。

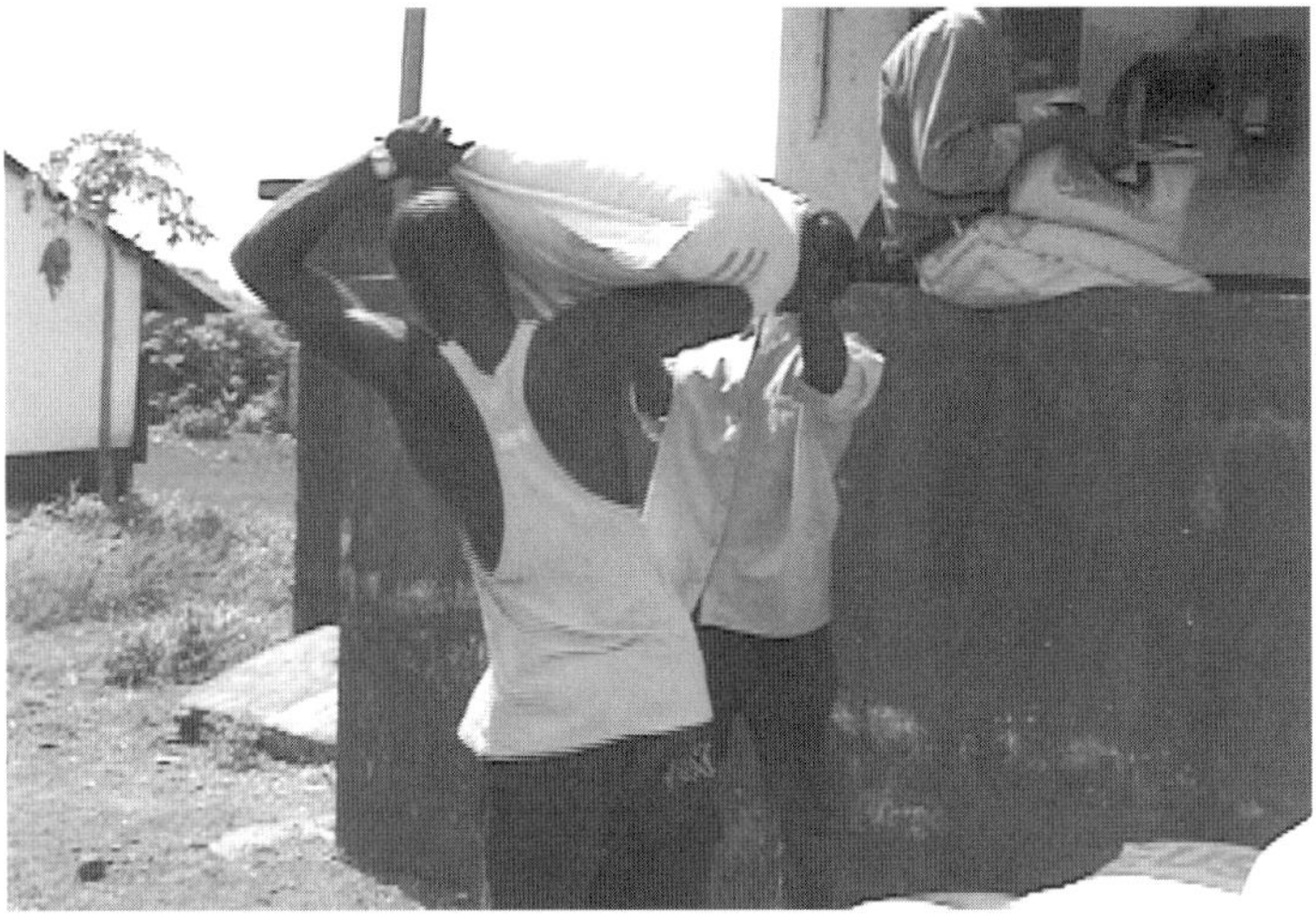

配給された小麦粉のふくろをかつぐサクバーさん。

「今、こうしてあんたに話していても痛《いた》みを感じるんだ。風がふく度に、耳も手も痛いんだ。あんたにはちょっとした風でも、おれの体には、こたえる風なんだ。この痛みは一生続いていくんだ。」

わたしはうなずいて聞いていることしかできませんでしたが、彼の体の痛みが伝わってきました。

「右手を見るたびに、おれたちにはもう手がないんだと思うと悲しくなる。これが、おれたち一家が背負《せお》った現実なんだ。たとえ戦争が終わっても、おれたちは一生このことを忘《わす》れることはできない。」

忘《わす》れることはできない、消すことができない――

大人が子どもを恨《うら》んでいるという事実を目の前でつきつけられたわたしは、少しとまどっていました。

4 子ども兵士を探して

わたしは、ビデオでサクバーさんの言葉や表情を記録し続けながら、子ども兵士たちの姿《すがた》を思いうかべていました。まるでただのゲームか、なにかのスポーツを楽しむように銃《じゅう》を撃《う》ちまくり、人びとに命令して、刃物をふるう子ども兵士たちの姿を……。

でも、子どもたちがある日とつぜん兵士になるわけがない、何かのきっかけがあるはずだと思っていました。

十二歳ほどの子どもたちがいったいなぜ、兵士になってしまったのだろう？

それほど残虐《ざんぎゃく》なことをして、大人たちをふるえ上がらせた時、彼《かれ》らはいったいどんな顔をしていたのだろう？

なにを考えていたのだろう？

子どもたちにいったいなにがあったというのだろう？

兵士だった子どもたちに会って、彼《かれ》らの口から話を聞きたい、じかに話を聞かなくてはならない、わたしは強く思いました。


アンプティ・キャンプの取材の後、子ども兵士を取材する計画を立てました。

兵士だった子どもたちに街《まち》で会うことはできません。みんなに怖《こわ》がられたり、中には彼らに復讐《ふくしゅう》をしようという人たちもいるので、彼らは街に住むことができないのです。

わたしは、反政府軍から逃《に》げてきた子どもの兵士たちを保護《ほご》している施設《しせつ》があると知って、とにかく訪《たず》ねてみることにしました。

車は首都《しゅと》フリータウンの海岸線の美しい道路をぬけて、舗装《ほそう》されていない赤土の一本道をぬけて走って行きます。

周りはすべてジャングルでした。道路標識《どうろひょうしき》などひとつもありません。てんてんと小さな村があって、道路わきではたき木用の薪《まき》やジャングルでとれるマンゴーを売っていました。

わたしは、恐怖《きょうふ》や不安や疑問《ぎもん》が入り混《ま》じった複雑《ふくざつ》な気持ちで助手席にのっていました。

サクバーさんやメムナちゃんたちの手や足をためらいもなく切り落とし、彼らの人生を変えてしまった子ども兵士たち。もしかしたら、まだ銃《じゅう》を持って戦場で戦っているつもりでくらしているのかもしれない。

それに、彼らに会ったら、自分たちがやったことを今どう思っているのか、わたしはたずねなくてはならないと思っていました。

フリータウンを出て二時間ほど、海岸に建てられたリゾートホテルの門をぐって、車はゆっくり止まりました。

「ファミリー・ホームズ・ムーブメント・セント・マイケルズ・センター」。

スペインのカソリック教会が運営《うんえい》するこの施設《しせつ》では、反政府軍から逃《に》げ出してきたり、戦闘《せんとう》のあとで、保護《ほご》された子どもたち百四十人が生活をしていました。

なぜ、子どもたちは兵士になって戦わなくてはならなかったのか？

理由は、長く続いた戦争なのです。

シエラレオネの戦争は、アフガニスタンやイラクの戦争のように大きな空爆《くうばく》や巨大な戦車や高価《こうか》な武器《ぶき》を使った戦いではありません。

兵士一人一人が、機関銃《きかんじゅう》やライフル、持ち運びのできる大砲《たいほう》のような小さな武器を使って戦います。

セント・マイケルズ・センター

初めのうち、人数の少なかった反政府軍は兵士の数を増やそうと、村という村をおそって、子どもたちをさらって行きました。

そして、ジャングルで子どもたちを兵士にするように訓練《くんれん》したのです。大人とちがって、武器を持っていなければ子どもたちは相手からあやしまれることはありません。相手を偵《てい》察《さっ》するスパイ役にはもってこいです。

また、体が小さくすばしっこい子どもたちは、遠くの敵《てき》からは攻撃《こうげき》されにくく、大人の兵士よりも活躍《かつやく》します。そのため、たくさんの子ども兵士が戦闘《せんとう》の最前線に送りこまれることになりました。

兵士になった子どもたちは、大人の兵士に教えられたとおりに村をおそい、家を焼きはらい、人々の手足を切り落とす戦闘《せんとう》マシーンになって行きました。

反政府軍に使われた子ども兵士の年齢《ねんれい》は十歳から十六歳。その数は、五千人以上と言われています。


白い砂浜《すなはま》の上に建てられた二階建ての木造《もくぞう》の建物は、壁《かべ》がさわやかな青と白のペンキでぬられ、ゆかや階段は木の自然の色を残していて、とても落ち着いた雰囲気《ふんいき》でした。

背《せ》の高い椰子《やし》の木に囲まれたこのセンターには、波の音がひびきわたっていました。

自分がここに何をしに来たのか、一瞬忘《いっしゅんわす》れてしまうほど、とてものどかな場所だったのです。

4. 子ども兵士を探して

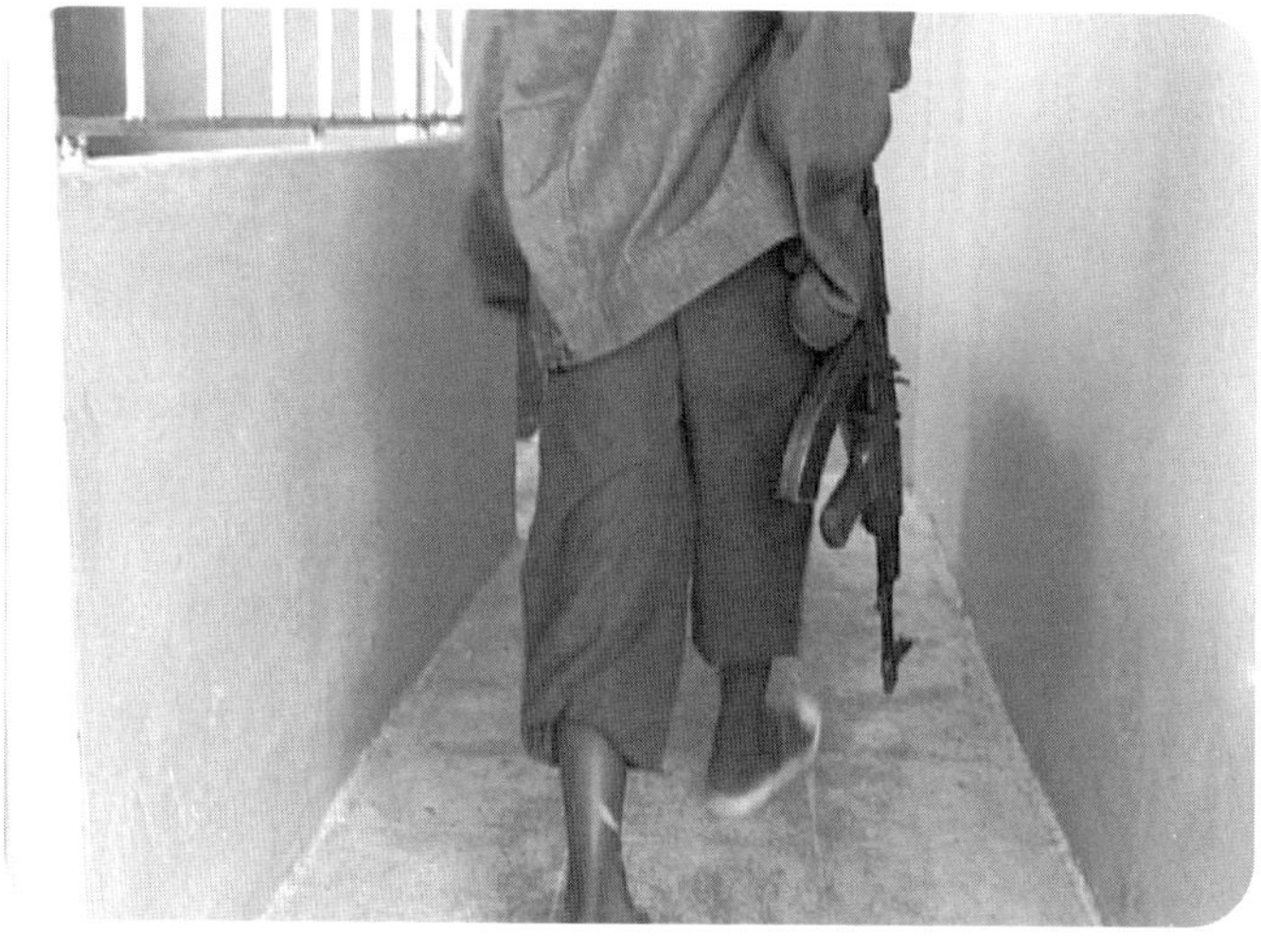

5 「やぶの殺し屋」とよばれた少年

《コーン、カコーン、コーン、カコーン》

センターの中庭では、一五、六歳の男の子たちが卓球をしていました。

洗《あら》い場では、子どもたちが洗濯《せんたく》をしていました。洗濯機などありませんから、みんな手洗いしています。

こすってはしぼりしぼってはこする、のくり返し。でも、大人に手伝ってもらっている子どもはひとりもいませんでした。

子どもたちの中でも、ひときわテキパキと洗濯する男の子にわたしは目をやりました。すると、わたしのスタッフの一人が彼《かれ》に声をかけました。

彼の名前はムリア・ソレイ、十五歳。一年前、反政府軍から脱走《だっそう》し、保護《ほご》された元子ども兵士でした。

「どうして兵士になったんだい？」

「四、五人の兵士たちのグループが家にやってきた。彼らはぼくを連れて行くと言った。ぼくの両親は、渡《わた》さないと言って断《こと》わった。すると、彼らは両親を撃《う》って、殺したんだ。」

「君の目の前で？」

「そうだよ。玄関《げんかん》に入ったところだった。ぼくは見ていたんだ。」

と、ムリアは静かにわたしに語りはじめました。

ムリアは山あいの村で、農業を営《いとな》んでいた両親と、三人でくらしていました。

ムリアの住んでいた村が反政府軍におそわれたのは、彼《かれ》が十二歳の時。反政府軍の兵士たちは村の家の一軒《けん》一軒に押《お》しかけ、子どもたちを連れ出していきました。

ムリアの両親は「一人息子のムリアを連れて行かないでくれ」と兵士たちに必死で頼《たの》んだといいます。

しかし、反政府軍の兵士は、ムリアの目の前で両親を殺し、そしてムリアの右腕《うで》をつかんで連れて行きました。その後、村からうばった荷物を背負《せお》わされながら、兵士たちのアジトに連れて行かれました。その道のとちゅうのことは、ムリアはよくおぼえていないといいます。

連れ去られたムリアは、その後、反政府軍の兵士たちといっしょにくらしました。昼は他の子どもたちといっしょにジャングルで訓練《くんれん》を受け、夜は野宿でした。

「彼らは、パングーマ村でぼくたちを訓練した。武器をあたえて、銃《じゅう》の撃《う》ち方を教えた。

たとえば、地面をはって進むにはどうするか、ジャングルではどう戦うかとか。仲間《なかま》を背負《せお》って、敵《てき》に撃《う》たれないように一マイル走るという訓練もした。敵の殺し方、敵を偵察《ていさつ》する時はどこに立つか、村を攻撃《こうげき》する時はだれがどんな役《やく》割《わり》をするかを学んだんだ。」

「期間はどれくらい？」

「二ヶ月くらい。」

訓練はすごくきつくて、大変なものでしたが、みんなねを上げずに必死にがんばっていたといいます。きびしい訓練が終わった後には、あたたかい食べ物がもらえたからです。

「上官《じょうかん》の命令は拒否《きょひ》できない。もし、拒否すればぼくは殺される。それがジャングルの掟《おきて》なんだ。」

ムリアは、同年代の男の子たちの中でいちばん優秀な成績をあげていました。

二ヶ月間の訓練《くんれん》が終わるとすぐに、部下を持つようになり、すぐに大人たちといっしょに戦いの最前線に立つようになりました。

彼《かれ》はジャングルのやぶの中に身をひそめて、待ちぶせ攻撃《こうげき》をしかけたり、村をおそったりしました。ほとんど姿《すがた》を見られないうちに敵《てき》を倒《たお》していたといいます。

彼は周囲から、「やぶの殺し屋」〝キラー・イン・ザ・ブッシュ〟とよばれていました。

もう一人、ムリアにいつもくっついて歩いている男の子がいました。名前はシャクー、十歳です。

ムリアは英語が話せますが、シャクーは現地の言葉しか話せません。シャクーとわたしが話す時は、ムリアが通訳《つうやく》をしてくれました。

二人が知り合った理由を聞いて、わたしは驚《おどろ》きました。彼らはかつて戦った敵同士だったのです。

ムリアとシャクーは、もともと反政府軍の中でも別の戦闘《せんとう》グループで、二つのグループはしばしばおたがいの勢力《せいりょく》を拡大《かくだい》するために争っていました。

ある時、ジャングルの中でムリアとシャクーのグループが戦いを始めました。激《はげ》しく撃《う》ちあったあとに、勝ったのはムリアたちでした。

その時から、シャクーはムリアの部下になったのです。

「戦って負けた相手を部下にする。そうやって、自分のグループを大きくしていくんだ。」

「大人の兵士とも戦っていたのかい?」

「ああ。ぼくは司令官《しれいかん》だった。司令官の命令は、絶対に拒否《きょひ》することはできない。相手が大人でも、同じグループのメンバーでも上官《じょうかん》に逆《さか》らえば殺された。」

「掟《おきて》だって、だれが決めたの?」

「ぼくはそう教えられたんだ。だから、ぼくの部下になったら、だれもぼくの命令を断わることはできない。逆らえば殺されるってわかっているから。ぼくだって、

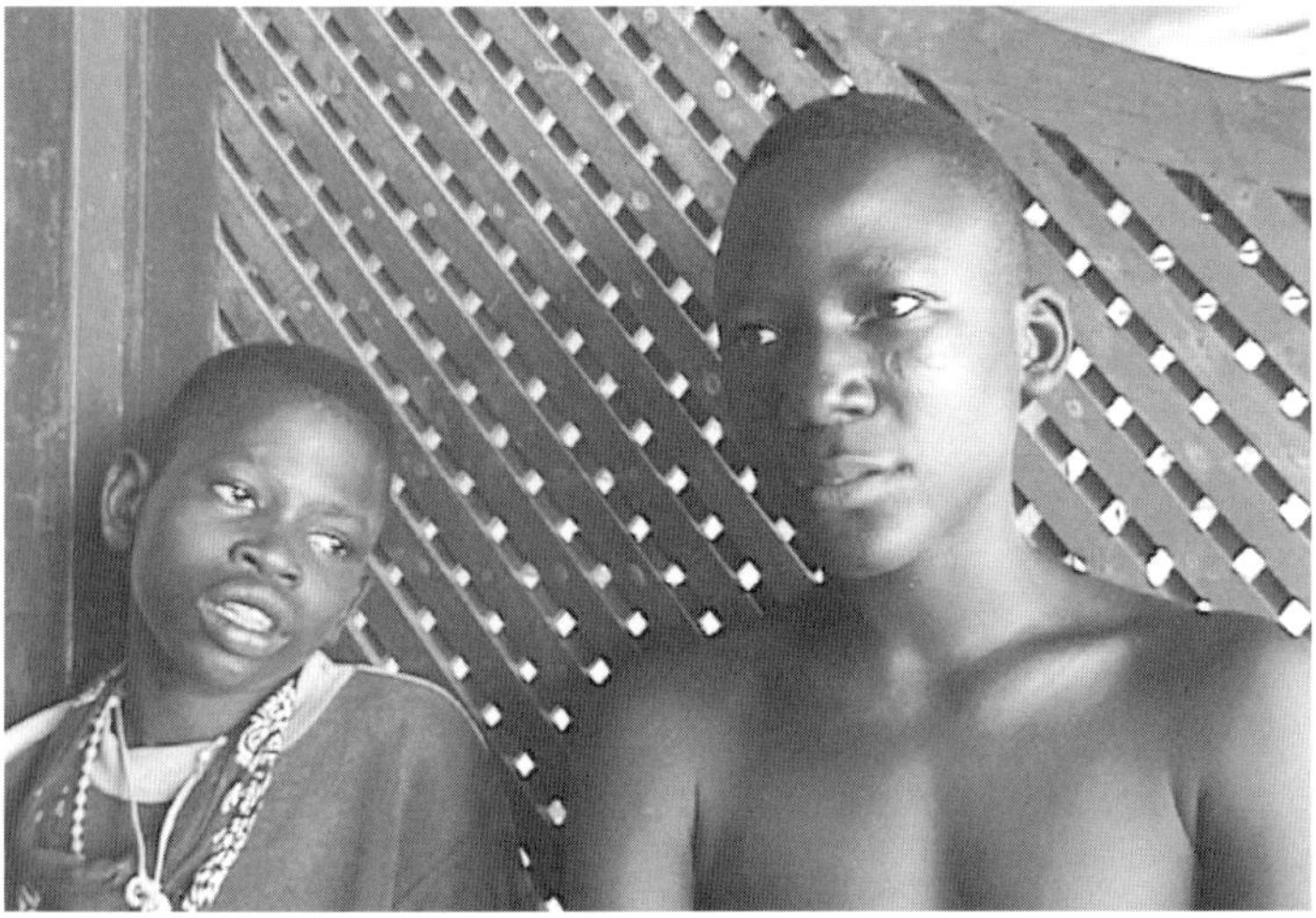
ムリア（右）とシャクー（左）

自分の司令官《しれいかん》に逆《さか》らえば殺される。それが「掟《おきて》」なんだ。自分より上官《じょうかん》の命令には絶対に従《したが》わなくてはならなかった。もしノーと言っていたら、ぼくは殺されていたよ。」

いくつの村をおそったのかとたずねると、たくさん数えきれないほど、という答えが返ってきました。毎日毎日、戦いに明けくれていた日々だったと、ムリアは言います。

いつものようにジャングルで野宿をしていた夜、ふと周囲に人がいなくなったことに気がついた瞬間《しゅんかん》、ムリアはシャクーと他の二人を連れて脱走《だっそう》しました。

辺《あた》りが明るくなるまで、ジャングルの中をひたすら逃《に》げました。まっ暗なジャングルの中でいつの間にか、いっしょに逃げ出した他の二人とはぐれてしまってそれっきり。それでも、ムリアとシャクーは一晩《ひとばん》じゅう歩き続けました。

ムリアとシャクーはジャングルをぬけて小さな町にたどり着きました。もうあたりは明るくなっていました。お腹がすいてたまりませんでしたが、食べる物は持っていません。お金など、もちろん持っていませんでした。二人は教会の前で座りこんで、ただうずくまっていたといいます。

しばらくすると、二人の前を通りがかった男の人が彼《かれ》らのことを見て声をかけてきました。

「食べ物があるから、いっしょにいらっしゃい。」

と、男の人は二人を教会の中へ招《まね》き入れてくれました。

敷地《しきち》の中の建物には、二十人ほどの子どもたちがいました。二人はそこで彼らといっしょに食事をとりましたが、おたがいに話をすることはありませんでした。

ムリアは、施設《しせつ》の男の人から「きみたちは反政府軍から逃《に》げてきたんだね。」とたずねられました。

そして、自分の両親が兵士に殺されて村から連れ去られたこと、戦場で敵《てき》と戦っていたこと、逃げ出したこと、とちゅうで二人ははぐれたこと、今朝この町に着いたことなどをすべて話したといいます。

ムリアは、最初はここがどこなのかわかりませんでしたが、大人も子どももみんな銃《じゅう》を持っていないのを見て、（きっと助けてくれる場所なんだ）と安心していたといいます。


そこはボーという町の近くでした。

ムリアとシャクーの二人は、その教会の施設で二週間ほどくらしました。

いっしょにいた子どもたちと自分のことについて話すことはありませんでした。

みんな兵士として戦っていたのですから、ジャングルで出会っていたなら敵《てき》同士。サッカーをしたりしましたが、すぐにケンカになってしまうことが多かったといいます。

ある朝、食事を終えると、ムリアとシャクーと数人の子どもたちは、何台かの車に乗せられて、教会の敷地《しきち》を出ました。

二人とも、どこに連れて行かれるかはわかりませんでしたが、「フリータウンに行く」と言われたといいます。

そして彼《かれ》らが連れてこられたのが、セント・マイケルズ・センターだったのです。

わたしが彼らと出会った七ヶ月前のことでした。

6 麻薬《まやく》にむしばまれた子どもたち

二人と話をしているうちに、わたしはあることに気がつきました。

二人の体に、ミミズ腫《ば》れのような大きな引っかき傷《きず》があるのです。

最初は（ジャングルややぶの中でくらしていたのだから、木の枝とかで引っかいた時の傷かな？）と思っていました。でも、それらは自然にけがをしてついた傷ではありませんでした。

ムリアの左まぶたのすぐ下に、三日月の形をした傷がありました。気になったわたしは、たずねてみました。

「その傷はどうしたの？」

「カミソリで切ったんだ。」

「えっ、自分で？　どうして？」

「カミソリで切って、そこに麻薬《まやく》をうめこむんだ。うめこんでぬい合わせる。麻薬を入れられると、とても正気《しょうき》じゃいられない。殺したいと思った相手をすべて撃《う》ち殺してしまうんだ。」

子ども兵士たちが、麻薬を飲んでいたり、鉄砲《てっぽう》の弾《たま》につめられた火薬を飲んでいるという話は聞いたことがありました。

でも、まさか体に傷《きず》をつけてうめこんでいるなんて話は今まで聞いたことがありませんでした。

「だれにやられたんだい？」

「最初は戦いに行く前に大人の兵士にやられたんだ。

使うのは細かい粉にした麻薬だよ。ここでは麻薬はどこででも手に入るし、お酒よりも安いからみんな使っていた。」

ムリアはそう言うと、今度はシャクーのTシャツを首までまくりあげて胸《むね》を見せました。

シャクーの首の付け根には、同じようにカミソリの傷《きず》あと。しかも、その傷は「AFRC」と読むことができました。「AFRC」とは、反政府軍として戦っていたグループのひとつです。シャクーはかつて「AFRC」の兵士だったのです。

「麻薬《まやく》をうめこまれると、もう頭の中がグルグルになって何がなんだかわからなくなる。

そしてものすごく人を殺したくなる。だれを殺すのも怖《こわ》くなかったし、自分が死ぬことも怖くなかった。なんの感情もなく、急にただ殺したいって思うようになるんだ。」

わたしは、その時「彼《かれ》らは戦闘《せんとう》マシーンだった。自分たちの意志《いし》などなかったんだ」と思いました。

それにしても、いったん麻薬という毒《どく》を体の中に入れてしまったらたいへんです。

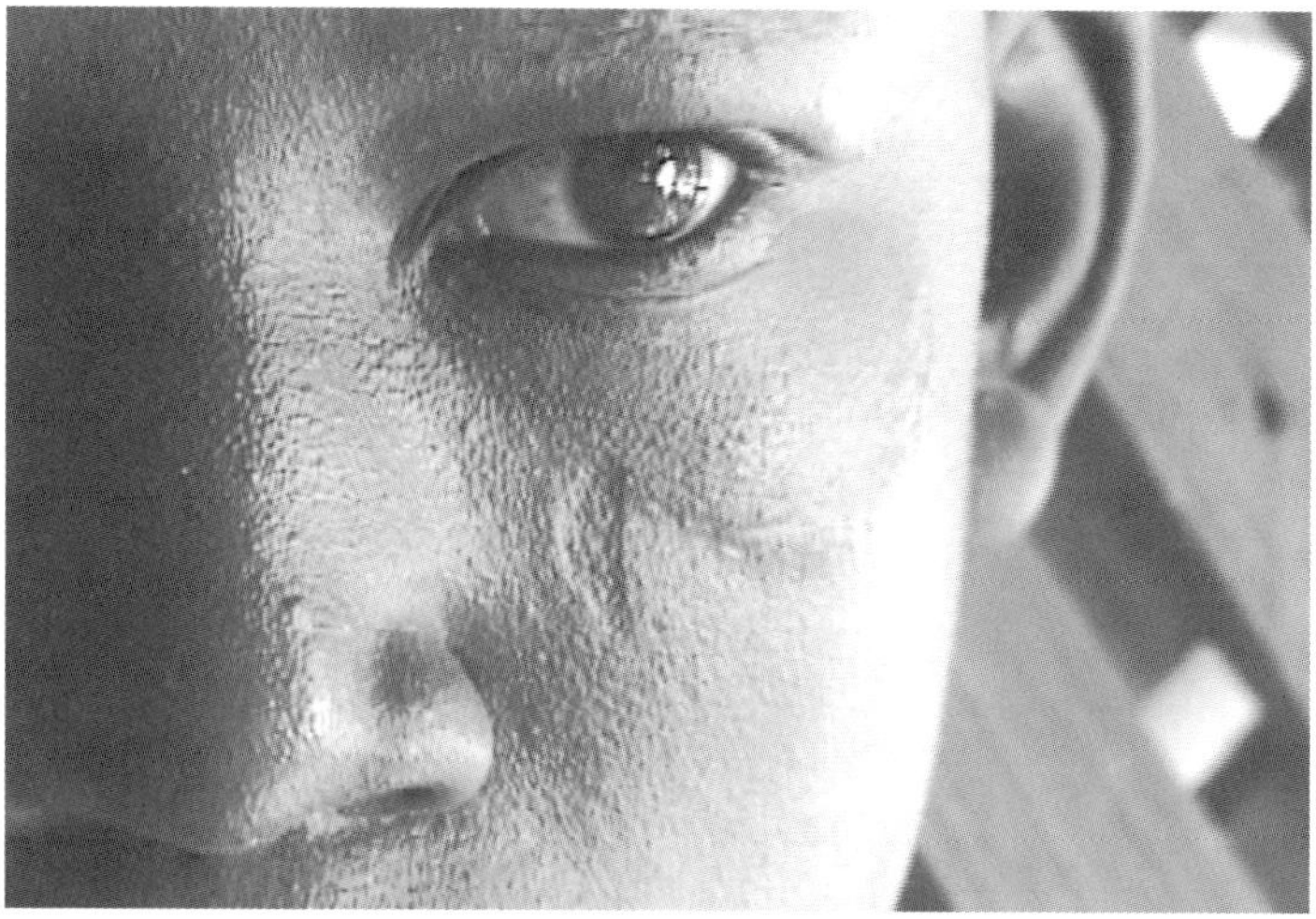

麻薬をうめこんだ傷あと

中毒《ちゅうどく》になって、麻薬なしではくらせなくなります。

麻薬を断《た》ち切るには、激《はげ》しい禁断症状《きんだんしょうじょう》と戦わなくてはなりません。麻薬の中毒からぬけ出すことは、とても苦しくて長い道のりです。

センターでくらすようになって、今ムリアは麻薬を断つことができました。

「また麻薬を使ってしまいそうになることはないのかい？」

「ぼくはもういっさい麻薬は使っていない。やめたんだ。だいいち、ここでは許《ゆる》してくれないし、すごく頭が痛《いた》くなるんだよ。

もしまた麻薬《まやく》を使ったら、ぼくの将来《しょうらい》はダメになる。本当に正気《しょうき》じゃなくなる。それがわかったんだ。だから、ぼくは二度と麻薬をやりたくないんだよ。」

でも、麻薬の中毒《ちゅうどく》からぬけ出して自分をとりもどすにつれ、今度は別の苦しみがムリアをおそってくるようになりました。

「街《まち》に行った時、『家族』を見るのが怖《こわ》いんだ。」

「家族が怖い？」

「そう。ぼくは、戦争でとてもひどいことをしたから……。家族でいっしょにいる人たちを見ると怖いんだ。彼《かれ》らが、ぼくを殺しに来るんじゃないかってね。」

「夢を見たりもするのかい？」

「夜になると、人を殺す夢を見る。ぼくが殺すと、その人はなぜか生き返って、今度はぼくを殺そうとするんだ。ぼくは逃《に》げる……。とても怖い……。

今でも夢を見るんだ。いつもじゃないけど、おとといい、その夢を見た。」

ムリアは、多くの家族を傷《きず》つけ、命をうばったという二度と消えない事実に向き合わなければならなかったのです。

7 傷《きず》ついた心

気がつくと、太陽が水平線《すいへいせん》に近づいていました。もう夕方。海で遊んでいた子どもたちも浜《はま》に上がってきました。

センターの中庭にある給食室から大きな白い湯気が勢《いきお》いよく出ていました。

今夜の晩《ばん》ご飯は、自家製パンと野菜シチュー。子どもたちは、プラスチックのお皿を各自手に持ってならんでいました。

給食係りの仲間《なかま》たちからもりつけてもらい、それぞれがくらすバンガローに持っていって食べます。

わたしも同じものをいっしょに食べました。自家製のパンはふんわり、ニンジン

センターの食堂であたたかいミルクをもらう

スポーツは大好き。サッカー、バレーなども人気。

やジャガイモなどの野菜がたくさん入ったシチューは温かくておいしくて、（おかわりしたいなあ）と思ってしまうほどでした。

晩《ばん》ご飯のあとは自由時間。子どもたちのほとんどはテレビルームで映画を見ていました。

その夜の映画は、アーノルド・シュワルツエネッガー主演《しゅえん》の「ターミネーター2」でした。

センターでくらす子どもたち百四十人のほとんどが集まってきて、テレビルームの外の廊下《ろうか》まで立ち見が出るほど大盛況《だいせいきょう》でした。

映画が終わると、センターのスタッフから、一週間後にあるサッカー大会のお知らせがありました。

スタッフたちは、子どもたちが参加できる色々なイベントやプログラムを企画《きかく》していますから、センターでの生活は結構《けっこう》忙しいのです。

毎日毎日戦うことしかしていなかった子どもたちにとって、みんなで食事をしたり、テレビを見たり、スポーツをしたりするふつうの生活を送ることはとても大切なこと。それは自分が兵士だったという記憶《きおく》を、遠いむかしのこととして忘《わす》れさせてくれるからなのです。

ところで、シエラレオネでは長く続いた戦争のために、首都《しゅと》フリータウンでもずっと停電《ていでん》が続いています。ましてやセンターのある町外れには、電線さえひかれていません。

センターでは自家発電機を使って電気をまかなっています。でも、自家発電機に使うガソリンの値段《ねだん》が高く、自家発電機を使えるのは一日のうち三、四時間だけです。

午後九時すぎ、消灯《しょうとう》。

子どもたちが自分たちのバンガローにもどりました。それから四十分間くらいは彼《かれ》らのはしゃぎ声がひびいていましたが、一時間もすると、センターのバンガローは静かになって、真っ暗な中に、小さな灯りと波の音だけが残りました。

子どもたちとの一日が終わって、わたしはセンターの責任者であるチェマ神父《しんぷ》と、海に面したバルコニーで紅茶を飲みながら話をしました。

チェマ神父はスペインのカソリック教会から派遣《はけん》されて、ここシエラレオネにやってきました。

ひげ面に洗《あら》いざらしの清潔《せいけつ》なTシャツに半ズボン、分厚《ぶあつ》いレンズのメガネをかけ、とても落ち着いた人柄《ひとがら》です。子どもたちにとっては、自分たちのことを何でも知っている、厳《きび》しいけれど優しいお父さんのような存在です。

とても自由でリラックスした雰囲気《ふんいき》のセンターですが、中にはここでのくらしがきゅうくつに感じてしまう子どもたちもいます。

なにしろ、みんな兵士だったころは毎日起きたい時間に起きて、食べたい時間に食べて、欲《ほ》しいものがあれば、人からうばうというくらしをしていたのです。

とても優しいチェマ神父は父であり先生。

センターのくらしは、毎朝決まった時間に起きて、みんなといっしょに食事をして、欲しいものがあってもかんたんには手に入りません。チェマ神父は、子どもたちの中にはセンターを逃《に》げ出して、戦場にもどってしまう子どももいると、教えてくれました。

それでも、チェマ神父やセンターのスタッフたちは、子どもたちに無理やり何かを押《お》し付けることは決してしません。

「兵士だった子どもたちと接《せっ》する時に、いちばん気にかけていることは何ですか？」

「子どもたちは長い間、いつ殺されるかわからない環境《かんきょう》の中でくらしていたでしょう。彼《かれ》ら自身が守られていると感じることが大事です。ここにはリラックスできる雰囲気《ふんいき》がありますよ。

彼《かれ》らは戦場にはもどりたくないと思っています。子どもたちは学校に行ったり遊んだり、これまで経験したことのなかった豊かな生活とか、楽しいと感じる時間をすごしています。」

「彼らにとってはこれまでに体験したことのないくらしなのでしょうね。」

「そう、新しいくらしです。ふつうの子どもたちがごくふつうにあたえられる生活を、ここで取りもどしているのです。

子どもたちは学校へ行くだけではなく、仕事ができるようになるための訓練《くんれん》や教育を受けることもできます。大工や洋服作りの技術《ぎじゅつ》を学べる施設《しせつ》もありますから。」

「学校へ行くか、働くかを自分たちで選べるのですか？」

「わたしたちは用意したプログラムを子どもたちに強制《きょうせい》はしません。なぜって、子どもたちは一生このセンターにいるわけではないですから。自分の生活は自分で創って行かなければならない。ですから、わたしたちは決して、こうしろああしろなどと強く命令したりはしませんよ。

子どもたち自身の中に、立ち直ろうとする気持ちが芽生えるのを待つのです。」

「根気もいるし、時間もかかるでしょうね。」

「もちろん、時間はかかります。でも、これまで戦場で戦うことがすべてだった子どもたちが、自分を取りもどすというのはかんたんなことではありません。

彼らには、周《まわ》りから緊張《きんちょう》させられないようなリラックスした時間が必要なんです。」

わたしは、昼間にムリアと話した時、気になっていたことをチェマ神父《しんぷ》にたずねました。

「ムリアは皮膚《ひふ》をカミソリで切って、そこに麻薬《まやく》をうめこんでいたと言いました。そうすると頭がグルグルして、殺したいと思った人を何の感情もなく殺していたんだと。

ひどい麻薬《まやく》の中毒症状《ちゅうどくしょうじょう》もあるようです。そんな彼《かれ》らが本当に麻薬をやめることができたのですか？」

チェマ神父《しんぷ》は目を閉《と》じて大きくうなずきながら、答えました。

「麻薬を使って、子どもたちを殺人マシーンに変えたのです。

もちろん、ムリアだけではありませんね。ここに連れてこられた時、子どもたちのほとんどが麻薬の中毒になっています。

程度によってちがいはありますが、麻薬の毒を体からぬくには、一ヶ月から三ヶ月はかかります。なかにはもっと長くかかる子どももいます。」

わたしは、麻薬がかんたんに手に入る環境《かんきょう》が気になりました。なにせ、その辺りのやぶの中で原料がとれるのです。

「麻薬の中毒になっている子どもたちは、初めのうちは麻薬がどうしてもほしくなる禁断症状《きんだんしょうじょう》におそわれます。

その間ずっと、センターのスタッフがその子どもといっしょにいて、決して目を離《はな》しません。

一対一で彼らと会話をしたり、海で泳いだり、静かに部屋で寝《ね》かせたりしながら、子どもたちの麻薬《まやく》の禁断症状《きんだんしょうじょう》をやわらげるようにするのです。」

「一日中ずっとですか？」

「ずっとです。スタッフは、子どもたちにとって本当の家族のような存在ですから。麻薬を使わなくても大丈夫なようになるまでは、子どもたちは本当に苦しいでしょう。でも、兵士だった子どもたちがまず最初にやらなければならないことなんです。

時には、やぶの中でこっそりタバコを吸っている子どももいますよ。でも、あまり厳しくは言いません。麻薬の中毒がひどかったことを考えて、時どきタバコを吸うことは知らないふりをしてあげる。本当は全部ばれていますけれど。」

「そうやって一人一人に合うやり方で時間をかけて、子どもたちは兵士ではなくなっていくんですね。」

「ムリアの目の下の傷《きず》を見たでしょう。あの傷が小さくないのをみると、麻薬《まやく》をたくさん使っていたことがわかります。

でも、ムリアは意志《いし》が強くて、しっかりしています。彼《かれ》は今、タバコも吸っていないと思いますよ。」

センターに来たばかりのころ、ムリアは麻薬の禁断症状《きんだんしょうじょう》に苦しんでいました。周囲に対して攻撃的《こうげきてき》で、暴力《ぼうりょく》をふるうこともありました。

そんなムリアを、センターのスタッフたちが二十四時間付きそって支えたからこそ、彼は麻薬の中毒《ちゅうどく》からぬけ出すことができたのです。

わたしはその夜、センターに泊《と》めてもらいました。

明日はムリアに、彼が通っている学校に連れて行ってもらいます。

わたしは、虫よけの蚊帳《かや》がはってある木のベッドに寝転《ねころ》がりながら、ムリアやシャクーのことを考えていました。

ベッドはダブルサイズの大きいものでしたが、ちょうどお尻のあたりが深くへこんでいて、波の音も大きかったのであまりよく眠《ねむ》れませんでした。

でも、海と森の匂《にお》いをふくんだ風はとても心地よく、わたしの気持ちを落ち着かせてくれました。

8 戦うことから解《と》き放たれて

よく朝、わたしはニワトリのけたたましい声で目を覚ましました。

腕《うで》時計の針《はり》は六時半。

ムリアが寝泊《ねとま》りしているバンガローに行ってみようと中庭を歩いていると、子どもたちが水浴びをしていました。

そこにムリアもいました。パンツ姿《すがた》で背中《せなか》に勢いよく水道の水を浴《あ》びています。

水浴びを終えると、うすくて黄色い開襟《かいきん》シャツと濃い緑色の半ズボンに着替《きが》え始めました。学校の制服なのか彼《かれ》にたずねると、軽くうなずきました。

他の子どもたちも起き始めて、それぞれのバンガローでは朝の掃除《そうじ》が始まっていました。

ゆかはコンクリートですが、寝る時はみんな厚《あつ》さ三センチほどのマットを敷《し》いて、その上に寝ます。ベッドや布団《ふとん》はありませんが、この地域では地面に布切れを敷いて寝ることもめずらしくありません。

ムリアも自分のマットを丸めて部屋のすみに片付け、わらのほうきでかんたんに掃除をしました。

それが終わると、彼《かれ》はシャクーのバンガローに向かいました。同じ黄色い開襟シャツに緑の半ズボンをはいて、シャクーはコーンミール（あらびきしたとうもろこしの粉を温かい牛乳でといたもの）をスプーンでほおばっていました。

ムリアは、それをシャクーから二口三口もらいましたが、自分はあまり好きではないんだと言いました。

とつぜん、わたしの後ろの方で、二人の少年がケンカを始めました。

一人は泣きべそをかいて、もう一人を追いかけまわしています。追いかけられている方は、からかって笑っています。

ケンカをしている二人を横に見ながら、ムリアとシャクーは、同じ地元の小学校に通う四、五人のグループで、そそくさとセンターを出発しました。

ムリアは、兵士だった三年間、ジャングルにいて学校には行っていませんでした。センターの子どもたちは外の学校で勉強することも、センターに残って自分で勉強することを選ぶのも自由です。外の学校に行きたがらない子どもたちもいるのですが、ムリアは最初から外の学校に行くことを望んでいました。

「どうして外の学校に行こうと思ったの？」

「勉強できるから。他の子たちがどのくらい勉強しているのか知りたかったし、自分と同じ歳の子たちがしているのと同じことをぼくもしたかった。

センターの中にいるだけじゃ外のことがわからないと思ったし、だからふつうの学校に行きたいと思ったんだ。」

ムリアは歩きながらそう答えました。

センターから歩いて三十分ほどで、学校に着きました。塀《へい》も看板《かんばん》もない、平屋建《ひらやだ》ての校舎《こうしゃ》が三棟《さんとう》あるだけの質素《しっそ》な小学校です。

教室に一番のりしたのはムリアでした。

先生からカギを借り、教室のドアを開けて中に入ると、木でできた教室の机《つくえ》や椅《い》子《す》は、しっちゃかめっちゃかです。

ムリアは置いてあったわらぼうきを手にとると、だまって掃除《そうじ》を始めました。すると、後からやってきた同級生も手伝い始めました。

《カラーン、カラーン、カラーン、カラーン》

澄《す》んだ鐘《かね》の音が鳴りひびきました。

教室の外で校長先生が、朝礼を知らせるハンドベルをふっていました。

子どもたちは校庭に集まってワイワイがやがや、列になっていきました。年長組の子が歌うのに従《したが》って、全校生徒でシエラレオネの国歌を歌い始めました。

それから、キリスト教の賛美歌《さんびか》を歌ってお祈《いの》りをします。ムリアも顔を手でおおってお祈りを捧《ささ》げていました。校長先生から短いお話があった後、歌を歌いながら、それぞれの教室にもどっていきました。

低学年の子どもたちもとてもきちんとならんで教室に入って行ったので、わたしは感心してながめていました。

9 ムリアの学校

ところで、シエラレオネの教育制度はどうなっているのでしょう。日本とは少しちがいます。

シエラレオネは、かつてイギリスが長い間植民地《しょくみんち》として治《おさ》めていたので、法律や教育制度はイギリスとほとんど同じ。

五歳から十一歳まで「プライマリースクール」とよばれる小学校に通います。その後、全国でいっせいに行なわれる進級テストを受けて合格すれば、「セカンダリースクール」とよばれる中学校にすすみ、十六歳まで勉強します。ここまでが義務《ぎむ》教育です。

ただし、日本のように一年ごとに自然に進級できるというわけではないので、同じクラスでも年齢《ねんれい》はまちまち。

また、成績が優秀ならば飛び級も可能です。例えば、四年生でも成績が良ければ、六年生のクラスに入ることができるのです。


一時間目は英語。

ちょうど学期末が近づいてきていました。

ムリアは来週にテストをひかえて、真剣《しんけん》なまなざしで黒板を書き写しています。

同級生たちは、初めて見る日本人のわたしのことが気になって、もう気もそぞろ。

でも、ムリアはそんなことは一切気にしません。

わたしはなんだか授業《じゅぎょう》のじゃまになっているかなあ、と感じて、今度はシャクーの四年生のクラスをのぞきに行きました。

行ってみると、シャクーが身ぶり手ぶりで、同級生にわたしのことを紹介《しょうかい》しまし

学校に行っていなかったムリアは他の子より年上。

授業中のムリアはいつも真剣。

た。

たいそう自慢《じまん》げに話しているのをみて、こちらもおかしいやら恥《は》ずかしいやら。後から知ったのですが、彼《かれ》は「おれには日本人の友だちがいるんだ、すごいだろ」って自慢していたそうです。

《カラーン、カラーン、カラーン・・・》

学校の各教室をひとまわりして、ムリアのクラスにもどったところであのハンドベルが鳴り、一時間目の終わりを告《つ》げました。

ムリアの二時間目は数学。

眉間《みけん》にしわをよせて四十歳くらいの男の先生が入ってきました。

先生はひとこと言って、黒板に問題を書きました。前回の復習問題らしいのですが、何人かの子たちは先生にあてられても答えられませんでした。

すると、次々に教室の外に出されて、立てひざで座らされてしまいました。みるみるうちに、クラスの三分の一の子がいなくなってしまいました。

そして、先生はとつぜんおこりだして、教室から出て行ってしまいました。

ムリアは黙々《もくもく》と問題の答えをノートに書いていました。

しばらくして、先生がもどってくると、質問に答えることができた子から教室の中にもどされましたが、二、三人の子は立てひざのままです。

そして、第二問。先生は黒板に問題を書いて、また出て行ってしまいました。今度は何の説明もありません。ムリアはきれいな字で計算式をかいて解いています。

やがて先生がもどってきて答えを黒板に書き、それで授業《じゅぎょう》は終わってしまいました。

わたしは、先生の教え方に疑問《ぎもん》を感じました。


ムリアのテストは、よく年セカンダリースクールに行けるようになるための大切な進級テストなのです。

他の子たちにとっても大切ですし、これからは学校で教える内容を充実《じゅうじつ》させていく努力も必要なのではないですか、と思い切って先生にたずねました。

するといった、意外な答えが返ってきました。

「まともに政府から給料が払《はら》われていないんだ。わたしたちも自分の生活のことで頭がいっぱいなんだ。」

と、先生は嘆《なげ》いたようすで言いました。

戦争が長く続いたことで、シエラレオネの政府にはお金がほとんどありません。国連《こくれん》や他の国々の援助《えんじょ》で、教育や医療《いりょう》、その他すべての費用《ひよう》をまかなっています。先生たちのお給料も安いうえに、支払われない時もあるのです。

校長先生に話を聞いてみると、ムリアは学校に通い始めたころ、ふつうの子たちよりもかなり遅《おく》れていたと言います。

兵士だった時は勉強する機会などなかったのですから当然のことです。

でも、校長先生がもっと心配したことは、ムリアたちとふつうの子たちがうまくやっていけるかどうかということでした。

ムリアたちは、村をおそい家に火をつけたり、大人や子どもを容赦《ようしゃ》なく殺して、人びとから恐《おそ》れられた兵士だったのですから。

そして心配していた通り、初めのころは、サッカーをしていたと思ったらすぐにケンカが始まったと言います。

ある時、校長先生は朝礼で子どもたちにこう言いました。

「彼《かれ》らは望んで兵士になってひどいことをしたのではありません。親を殺されて、誘拐《ゆうかい》されて無理やり戦わせられたのです。

彼らもまた悲しくてつらいめにあわされたのです。

彼らはもう兵士ではありません、わたしたちの友だちです。わたしたちは受け入れてあげなくてはなりません。」

また、子どもたちの親を集めて説明し、理解を求めるように努《つと》めました。そうやってだんだんケンカなどの問題は起こらなくなって行ったと言います。

ムリアたちの成績はどんどん上がりました。これには先生たちも驚《おどろ》いたと言います。

今では、ムリアはクラスでいつも一番、学年全体でも三位以内の成績をおさめるようになっています。

「兵士だった子どもたちは、他の子たちに比べてのみこみが早いように思います。」と校長先生は言いました。

お昼休みにムリアにこのことを話すと、小さく笑って下を向きました。

「勉強は自分のためにするものだから、あせることはないとチェマ神父《しんぷ》から言われたんだ。今は、クラスメートが勉強を教えてくれって言ってくるよ。」

わたしはムリアのノートのていねいな字を見て、感心するばかりでした。

さて、昼食です。学校では給食はありません。家に帰る子もいますし、中には校《こう》舎裏《しゃうら》の雑木林から野生のマンゴーを取ってきて食べている子たちもいます。

校庭の片すみに、地元のパン屋さんが自転車でコッペパンを売りに来ていました。

ほとんどの子どもたちがこのパン屋さんを利用します。

コッペパンはバターが付いて一円の三分の一ほどの値段《ねだん》です。ムリアたちは、チエマ神父からお昼ご飯代としておこづかいをもらっていました。

ムリアはコッペパンをひとつ買うと、真ん中を開き、ひとさし指でバターをぬりました。

それを半分にちぎってとなりにいたシャクーにわたしました。二人はニコニコしながら、カメラの前で大きな口でコッペパンをほおばりました。

10 「大統領《だいとうりょう》になりたい」

ところで、シャクーはわたしによく、

「インタビューに応《こた》えてあげているのだから、おこづかいをちょうだい。」

と言ってきました。

わたしはわざと、

「お金が目的なら、別に話してくれなくてもいいよ。」

と冷たく答えたりしました。

シャクーはまゆげを「ハ」の字にして気まずいような苦笑いをします。

そんな時、ムリアはシャクーに向かって、

「この人はお金をくれる仕事をしている人ではないよ。」

と兄のように言い聞かせていました。

二人の境遇《きょうぐう》は似《に》ていました。とつぜん、家族をなくしてひとりぼっちになり、知らない大人に言われるまま厳《きび》しい訓練《くんれん》を受けて兵士になりました。目の前で仲間の子どもたちが死んでいくようなこともありました。

知らない者同士がたがいに殺しあう戦場では、いちいち悲しんだり、嘆《なげ》いたりしているわけにには行きません。しだいにだれもが何の感情も持たなくなっていきます。そんな中で、ムリアにとってシャクーは唯一《ゆいいつ》の「家族」だったのです。

二人は友だち以上のきずなで結ばれているようでした。

ムリアは学校からもどると、夕方からセンターで補修授業《ほしゅうじゅぎょう》を受けます。近所に住む先生がボランティアで教えにきてくれるのですが、学校の授業よりもずっと充実《じゅうじつ》した内容です。

ムリアの学年の子どもたちは進級テストを来週にひかえて、暗くなるまで勉強していました。

十二歳で兵士にさせられてから、ムリアには悪夢のような日々がつづいていました。そこからようやくぬけ出して、最近のムリアは少しずつ自分の夢を語れるようになってきました。

今のくらしを楽しいと思えるようになってきたのです。

わたしはある時、彼《かれ》に将来の夢についてたずねました。

「ここを卒業したら、どんな仕事をしたい？」

「今、ぼくは変わった。新しい人生を手に入れたんだ。」

ムリアの声には、いつもより力強さがありました。

「明日の、将来のために、この国のリーダーになろうと思って学校に行っているんだ。」

「それって、政治家になりたいの？」

「いや！　そうじゃない。その……」

「なに？　教えてよ。」

ムリアは、少し照れくさそうに苦笑いをしながら、決心したようにカメラに眼をむけてはっきりと答えました。

「この国の大統領《だいとうりょう》になりたいんだ！」

「へえー！　大統領になってなにがしたいの？」

「この国から戦争をなくして、平和にするんだよ。」

わたしは、ちょっとふざけたように、ムリアの顔をのぞきこみました。

「ふうーん、それじゃあ今よりもっと勉強しなくてはいけないじゃないか。しかたないなあ、これがなくなるとこまるんだけど、特別にあげるよ。」

わたしは自分が使っていた日本製のボールペンを、もったいぶってムリアに差《さ》し出しました。

ムリアは一瞬《いっしゅん》、それをもらっていいのかどうか、とまどったようすで手に取りました。

「うん、ありがとう。」

白い歯を見せて、照《て》れくさそうに小さくほほえんだムリアを見て、わたしは心のなかで、新品の勉強道具をもっとたくさんプレゼントできればよかったのに、と思いました。

ユニセフは子どもたちに勉強道具を配っている。

11 自分のために生きる

セント・マイケルズ・センターでは、子どもたちの家族を探す活動をしています。

これまでに、運よく家族や親戚《しんせき》が見つかり、センターから家にもどることができた子どもたちは千人にのぼります。

でも、親のいる所がわかっても、帰ってくることを断わられる子どもたちもたくさんいます。

ムリアやシャクーのような子ども兵士がおそった場所では、住民たちがその子の顔をおぼえています。その子どもたちが、どんなひどいことをしたかを……。

だから、家族が子どもを引き取ってくれても、となりの人は、その子がやったことを知っていて怖《こわ》がったり、トラブルがおこるようなことが少なくありません。

チェマ神父《しんぷ》は言います。

「子どもたちを救わなければいけません。本当に平和を願うのなら、兵士だった子どもたちへの見方を変えなくてはいけません。

確かに、彼《かれ》らは罪《つみ》をおかしたかもしれません。でも、彼らは同時に犠牲者《ぎせいしゃ》なんです。子どもたちは強制《きょうせい》されて兵士になったのです。人殺しが好きな子なんて、どこにもいないのです。」

わたしは、アンプティ・キャンプで出会った右手と両耳を失ったサクバーさんとの会話を思い出しました。わたしが、

「もし、今、子ども兵士が目の前にいたら、言いたいことは何かありますか？」

とたずねた時のことです。

サクバーさんは答えました。

「おれはこう思うよ。彼らはまだ幼《おさな》い子どもだし、何も知らずに兵士として使われ

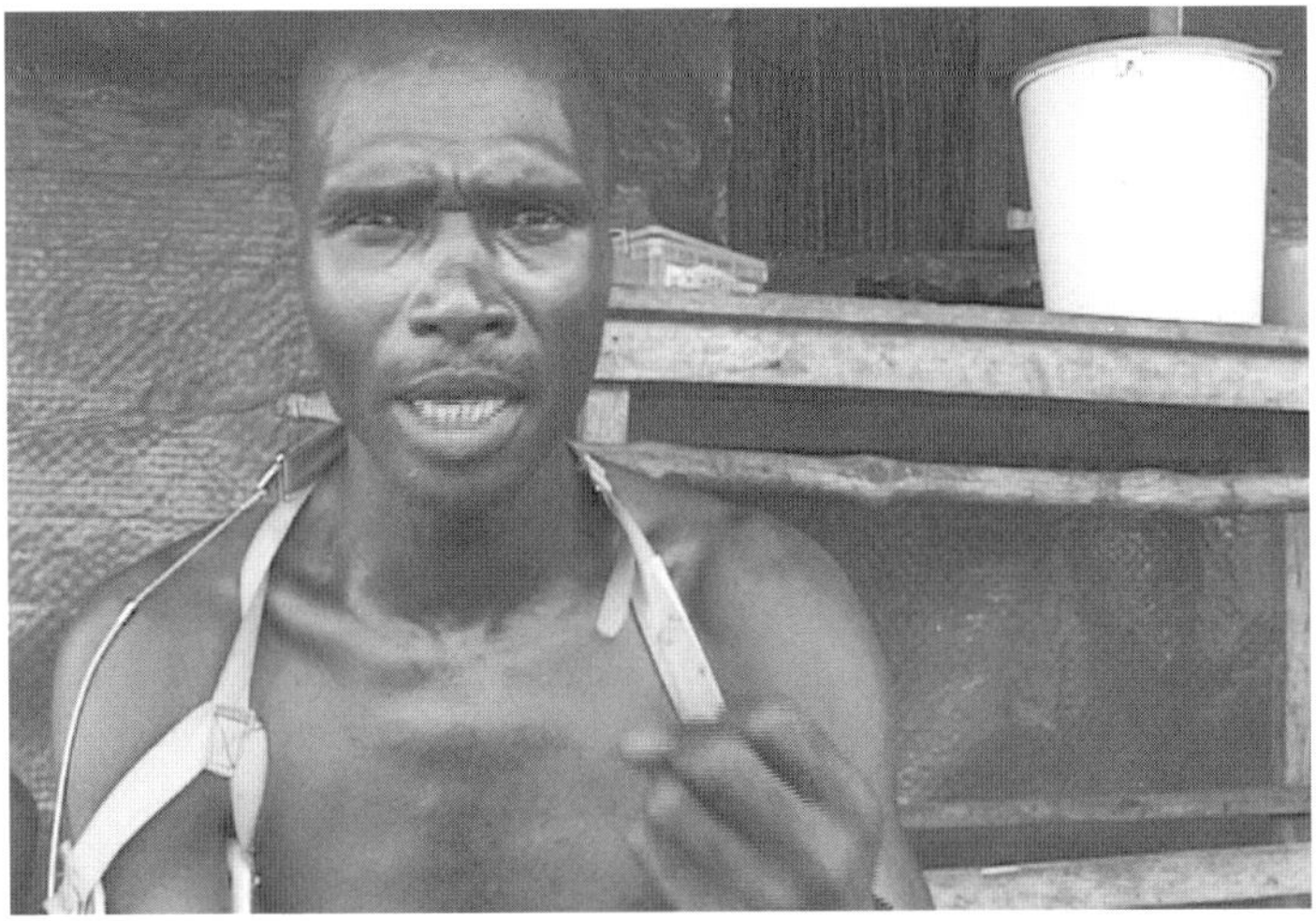

家族の未来について力強く語るサクバーさん。

たんだろう。

もし、その子がおれの目の前にいたとしても、おれは彼を責《せ》めない。たとえ、そいつが知っている子だったとしても、おれは何もしやしない。

おれたちはこの国に平和がほしいんだ。何よりも平和なんだ。それがすべてさ。

彼らを許《ゆる》さなきゃいけない。でも、絶対に忘《わす》れることはできない。答えはいつも同じだよ。

理由は、この右腕《うで》さ。

朝起きると、おれはどうしてもこの切られた右腕《うで》を見てしまう。いやでも見えるからな。

もともとおれには、二本の手があったんだ。だから彼《かれ》らを許《ゆる》せても、絶対に忘《わす》れはしない。」

サクバーさんはダイヤモンドの採掘技師《さいくつぎし》の仕事から、今は知りあいの家の留守番《るすばん》の仕事をしています。生活も収入も以前とは大きく変わりました。

〈許す。けれど決して忘れない……〉サクバーさんの言葉がわたしの頭の中をめぐっていました。

日曜日の静かな朝。波のよせる音に重なって手拍子《てびょうし》と歌声が聞こえてきます。早朝の六時でした。

センターの二階に作られたバレーボールコートの半分ほどの小さな礼拝堂《れいはいどう》に子どもたちがいました。ムリアとシャクーもいます。

手拍子でリズムをとりながら歌っているのは賛美歌《さんびか》です。遅《おく》れてきた何人かの子どもたちもまた、手拍子をうって賛美歌を歌う輪の中に入って行きます。

彼らの歌声がわたしの胸《むね》の中にひびきわたりました。

ムリアは、自分のやったことは良くないことだったと言いました。でも、起こってしまったことなのです。殺した人たちの命は二度ともどってきません。残された家族の悲しみと嘆《なげ》きは消し去ることができません。そして、サクバーさんのように手や足をうばわれてしまった人たちの痛《いた》みや苦しみはけして癒《いや》すことができないのです。

おそわれた村の人たちにとって、ムリアのような兵士だった子どもたちを本当に心から許して、受け入れることはかんたんなことではありません。兵士だった子どもたちの中には、自分の親からさえ、いっしょにくらすことを断わられる子も少なくありません。

——ぼくはここにいる。

どうか愛してほしい。

どうか受け入れてほしい――

わたしには彼《かれ》らの歌う賛美歌《さんびか》が、そんな願いをさけんでいるように聞こえました。

いつのまにか賛美歌が終わり、祈《いの》りが始まりました。

年齢《ねんれい》も背《せ》の高さも着ている洋服もそれぞれちがう子どもたち。天井を見上げるように、歩きながら目を閉《と》じて祈る子、椅子《いす》に座り、両膝《りょうひざ》の上に頭を抱《かか》えて祈る子、祈り方もそれぞれちがっています。ムリアは立って、てのひらで顔をおおって祈っています。まるでひとりひとりが神さまと対話をしているようでした。


子どもたちは手にボロボロになった聖書《せいしょ》を持っています。今日読まれたのは、ダニエル書二章。

「……この国は破壊《はかい》を重ねます。…この国は分裂《ぶんれつ》しています。…この国には強い部分もあれば、もろい部分もあるのです。…この王たちの時代に天の神は一つの国を興《おこ》されます。この国は永遠《えいえん》に滅《ほろ》びることなく、……永遠に続きます。……」

お説教をしている年長の青年の話はとても長かったので、ある男の子はコックリコックリと居眠《いねむ》りを始めました。となりにいたムリアはその子の頭をゆすっておこしました。

聖書にそって話をしていた年長の青年が、〝CONFIDENCE（自信／誇《ほこ》り）〟という言葉を投げかけました。すると、輪になって座っていた子どもたちは口をそろえて

「アーメンッ」

と言葉を返しました。

およそ一時間半の礼拝《れいはい》を終えた後、海岸に面したバルコニーで、わたしはまた波の音を聞きながらあらためてゆっくりムリアと話をする機会をつくりました。

それは、人を殺してしまったり傷《きず》つけてしまったことを、今彼《かれ》自身はどう考えて

どんな気持ちでいるのか、ということを聞くためでした。兵士だった子どもたちにとって、おそらく思い出したくない、思い出さないほうが良いことなのかも知れません。

でも、センターに来て、ムリアに会って話をしたり、彼の一日のくらしをいっしょに体験したりするうちに、彼もまたどうしようもない重荷《おもに》を背負《せお》って苦しんでいることがわかりました。

兵士として、いくつもの村をおそい、何もできないでただ逃《に》げまどう人たちを殺し、欲《ほ》しいものすべてをうばいとった――それは消えない事実なんだ、とムリアは言いました。

彼はこの場所で、自分のおかしたまちがいと、真正面から向き合って生きていました。逃げ出さないで、『やぶの殺し屋』とよばれていた時の自分を乗りこえ、新しい自分に生まれ変わろうとしていたのです。

わたしは、ムリアの苦しみや思いにもっと寄りそいたいと思っていました。こうなってしまったのは、ムリアや子どもたちのせいでは決してないのだということを、はっきりとわかっていたからです。

「今、前の自分をどうふり返っているの？」

ムリアは静かに海の方へ視線をやって、しばらくだまっていました。

「…ぼくはむかしのことはあまり考えないようにしている。でも、殺してしまった人たちのことは、どうしても考えてしまうんだ。」

ムリアはゆっくりと答えました。

「わざと考えないようにしているんだ。でも考えちゃうよね。そんな時はどうしているんだい？」

「今、ぼくは人を殺すのは絶対にいけないことだと思う。だって、彼らを創ったのはぼくを創ってくれた神さまなんだ。同じ人間なんだよ。

神さまが創った人を、人が殺してはいけない。

お祈りをささげるムリア。毎日欠かさない。

たった一度でも、人を殺したら、そのことは決して消えないよ。」

「いけないことだって思うのはどうして？」

「彼《かれ》らは何も悪いことはしていない人たちだった。そういう人たちを殺すというのは悪いことなんだ。でも……」

「でも？」

「でも…、よくわからない。」

「何がわからないの？」

「今は戦争なんだよ。ぼくの両親も殺された。お父さんもお母さんも何も悪いことはしていなかったのに、殺された。それが戦争なんだ。」

「人を殺すのは絶対にいけないこと、という気持ちと、自分のしたことは自分の両親が殺された時のことと同じだ、という二つの気持ちがあるんだね。」

わたしは、アンプティ・キャンプで出会ったサクバーさん一家の話をしました。

「彼らは『許《ゆる》す、自分たちは許さなければいけない』って言っていたよ。立場はちがうけれど、自分たち一人一人が、今とこれからのためになにをするかが大事なんだと言っていた。」

ムリアはうなずきました。

「たとえば、今もしあなたの言うその人がぼくの家族を殺したとしても、ぼくは許す。なぜなら、まだ戦争は続いていて、だれの家族だって殺されるかもしれないんだ…。」

ムリアは海の方を見たまま、そう云いました。

「そうだね。戦争になってしまったら、みんなが悲しい思いをする。みんなが傷《きず》つく。だから、そこで起こったことをだれかのせいにすることなんかできない。

でも、それはすごくつらくて苦しいことだよね。」

心の傷《きず》は頭の中だけではわかるはずがない、
わたしはそう思いました。

そして、向かい合って座っているムリアの左のひざに、右の手をそえました。

「だから、神さまに祈《いの》るんだね。」

「ぼくは今、こうやって新しい生活をしている。ぼくは変わった。新しくなって毎日生きているんだ。

それが、神さまがあたえてくれた『許《ゆる》し』なんだと思っている。」

ムリアは、一言一言とても静かに話しました。

「ぼくたちは誘拐《ゆうかい》されて、好きで兵士になったわけじゃない。ぼくたちを許してほしい。あの時は…自分が何をしていたのか…わからなかったんだ。」

戦闘《せんとう》の最前線で、たくさんの子ども兵士たちが死んでいきました。戦いから逃《に》げ出して殺された子どもたちもいます。

ムリアも同じでした。

兵士として戦うか、さもなければ死ぬか――かつてのムリアには、そのどちらかしか選ぶことは許されませんでした。彼《かれ》が生きていると感じる時は、兵士として戦っている時だけだったのです。

でも、もう、自分が他の人の家族を殺して傷《きず》つけるような恐《おそ》ろしさと痛《いた》みの中で生きていかなくてもいいんだ、ということを知りました。

ムリアは今、生まれて初めて自分のために生きていく喜びを感じています。

そして、彼は自分の夢――この国の大統領《だいとうりょう》になって戦争をしないようにする――そうわたしに言えるようになったのです。


夕方、センターのある海岸の砂浜に男の子が一人腰《こし》を下ろして海を見ていました。

くずれた波が、すぐ近くまでくり返しよせては引いていきます。

オレンジ色になった太陽が消えると、男の子は立ち上がってお尻についた砂を手でパンパンとはらい、くるりと海を背《せ》にしてセンターの方へとゆっくり歩いていきました。

そこには、ワイワイとにぎやかな声があふれ、あたたかくておいしそうなにおいの白い煙《けむり》がたちのぼっていました。

〜ムリアのある一日〜

6：30　起床《きしょう》、水シャワーを浴びて着替《きが》え、寝具《しんぐ》を片付けてかんたんな掃除《そうじ》。

7：00　朝食（ホットミルクか、コーンミール）

7：30　センターから学校へ

8：30　朝礼

9：00〜10：00　英語（読解）

10：10〜11：25　数学

11：25～12：00　お昼休み

12：00～13：30　英語（文法）

15：30　帰宅

16：00～18：00　センターで補習授業《ほしゅうじゅぎょう》

18：30　夕食（自家製パンとシチュー）

19：00～20：00　センターの視聴覚室《しちょうかくしつ》で映画を見る

21：00　就寝《しゅうしん》

シエラレオネという国について

シエラレオネでは、非常《ひじょう》に質《しつ》のよいダイヤモンドを採掘《さいくつ》することができる。しかし、その利益《りえき》はすべて戦争にまわされ、国民の生活がゆたかになることはなかった。貧困《ひんこん》に苦しむ国民の中でも、特に若者たちは反政府勢力を支持し、激《はげ》しい内戦《ないせん》が続いたのである。そして、ダイヤモンドの利益が戦争に使われることが、内戦が長引く原因《げんいん》となった。

面積：七万七一四〇㎢
人口：約五三〇万人（二〇〇五年現在）
首都《しゅと》：フリータウン（人口約一八三万人）
民族：メンデ族、テムネ族、リンバ族、クレオール（白人と黒人の混血）

言語：公用語《こうようご》は英語。他にメンデ語、テムネ語など。
宗教：イスラム教六〇%、キリスト教一〇%、アニミズム信仰《しんこう》三〇%
産業：最大の産業はダイヤモンドの生産

▼平均寿命▲

二〇〇二年

シエラレオネ　男性　約32・4歳　女性　約35・7歳

日　　本　男性　78・4歳　女性　85・3歳

（出典　The World Health Report 2004）

▼歴史▲

一四六〇年	ポルトガル人が上陸。ポルトガル人は象牙《ぞうげ》、木材などをヨーロッパに輸出し、また奴隷貿易《どれいぼうえき》も行われた。
十八世紀末	イギリスなどからの解放《かいほう》奴隷《どれい》の居住地《きょじゅうち》となる。
一八〇八年	イギリスの植民地となる。
一九六一年	イギリス連邦《れんぽう》の一国として独立する。
一九七一年	共和国となる。
一九八五年	モモ大統領就任《だいとうりょうしゅうにん》。

一九九二年	軍事クーデターにより、モモ大統領はギニアに亡命《ぼうめい》。ストラッサー大尉《たいい》を議長とする暫定《ざんてい》政府が発足《ほっそく》する。このころ、東部で反政府勢力である革命統一戦線《かくめいとういつせんせん》（ＲＵＦ）が台頭《たいとう》。
一九九六年	ビオ准将《じゅんしょう》による無血クーデター。カバ大統領就任《しゅうにん》。
一九九七年	軍事クーデター。軍事革命評議会議長《ぐんじかくめいひょうぎかいぎちょう》のコロマ少佐が国家《こっか》元首《げんしゅ》に就任。
一九九八年	軍事革命評議会《ぐんじかくめいひょうぎかい》がたおされ、カバ大統領が首都《しゅと》フリータウンにもどる。ＲＵＦは、ダイヤモンドの産地である東部を支配し、反政府ゲリラ活動を開始。

一九九九年一月	RUFがフリータウンに侵入《しんにゅう》。政府軍との戦いによる死者は五〇〇〇人。
五月	政府軍とRUFが停戦合意《ていせんごうい》。
十一月	国連安全保障理事会《こくれんあんぜんほしょうりじかい》が、和平協定《わへいきょうてい》の状況《じょうきょう》を監視《かんし》するため、国連軍《こくれんぐん》の派遣《はけん》を決定。
二〇〇〇年	RUFが国連軍を攻撃《こうげき》、五〇〇人を捕虜《ほりょ》とするが、まもなく開放。
二〇〇一年	武装解除《ぶそうかいじょ》の実施《じっし》について、政府とRUF間で合意。
二〇〇二年	カバ大統領《だいとうりょう》が武装解除完了《ぶそうかいじょかんりょう》、国家非常事態《こっかひじょうじたい》の終了を宣言《せんげん》する。

補記《ほき》

二〇〇七年、シエラレオネの内戦《ないせん》を指導《しどう》した大人を裁《さば》く国際法廷《こくさいほうてい》において、子どもを兵士として戦闘《せんとう》に用いた罪《つみ》で、反政府軍《はんせいふぐん》の責任者三人と政府軍側で戦った武装《ぶそう》集団の責任者一人の刑《けい》が確定《かくてい》しました。

また、子ども兵士に関する最新の国連の報告書によると、子どもを兵士としてリクルートし、戦闘員としている武装組織の数は確認されているだけで、二〇〇二年から二〇〇七年までの間におよそ二〇%増えているといいます。

特に、いまだに戦闘が続いていたり、戦闘が激《はげ》しくなった右のような地域《ちいき》や国々では、現在も子どもたちを戦場から救う努力が続けられています。(二〇〇八年六月現在)

●アフリカ……ブルンディ、中央アフリカ共和国、チャド、コート・ジボアール、コンゴ共和国、ソマリア、ウガンダ、スーダン

●アジア………アフガニスタン、インド、インドネシア、ミャンマー、ネパール、フィリピン、スリランカ、タイ、

●中南米………コロンビア

●中東…………イラク、イスラエル、パレスチナ　など

〈あとがき〉

　シエラレオネで初めて子ども兵士の問題にふれたのは二〇〇〇年六月。その取材映像《えいぞう》はＮＨＫのＥＴＶ特集『断《た》ち切られた家族』という番組になりました。反政府軍に手や足を切り落とされた人たちと出会い、わたしは人間の中にひそむ残酷《ざんこく》さに動揺《どうよう》しました。

「やぶの殺し屋」と恐れられた一人の元・子ども兵士の痛《いた》ましい体験におどろき、どうしようもないやるせなさが残りました。それ以来、わたしはどこでなにを取材していても子ども兵士のことをいつも心にとめてきました。

　戦闘《せんとう》の最前線《さいぜんせん》で銃《じゅう》をかまえ、戦う子どもたちを取材したのは、二〇〇三年十一月にシエラレオネの隣《となり》の国リベリアで内戦《ないせん》が激《はげ》しくなっていた時でした。話をきいた子ども兵士の中には、シエラレオネから来たという子どもたちもいました。

　そしてわたしは、二〇〇四年十二月、二〇〇五年四月と、子ども兵士を取り上げた番組を作るために、シエラレオネを訪れたのです。

シエラレオネは明るく静かな戦いのない街《まち》になっていました。何キロも続く美しい砂浜《すなはま》には人があふれ、国連やNGOで働く関係者や欧米《おうべい》からのビジネスマン、決してたくさんではありませんが観光に来ているような人たちも見られました。戦争の傷跡《きずあと》は、表面的には見えなくなりつつあります。

でも、この美しい砂浜にはたくさんの人たちの血がしみこんでいます。わたしの目には、あまりに悲しい光景が思い出されて、戦闘のおさまった今を素直《すなお》に喜ぶことはできませんでした。

シエラレオネは、きわだって貧しい国になりました。戦禍《せんか》がやんでも、まえと同じ生活ができるかというと、そうではありません。たまたま仕事を見つける環境《かんきょう》にめぐまれたり、相談にのってくれる人がいたり、要領《ようりょう》よく立ちまわる人だけが生活を立て直すことができ、そうでない人たちは戦争で失ったものを取りもどせないまま貧しい生活の中に取り残されていきます。

シエラレオネでは今、ストリート・チルドレンが増えています。戦争の後、経済の復興《ふっこう》がほとんど進まない中で十分な収入がえられずに、子どもを養《やしな》えないという家庭が出てきているのです。

また、路上でくらす子どもたちの中に、兵士をしていた子どもたちがたくさんいます。家族も親戚《しんせき》もいなくて家に帰れない、あるいは家族や地域から受け入れてもらえないという子どもたちです。盗《ぬす》みや殺人、麻薬《まやく》の売買などの犯罪に巻《ま》きこまれる場合も少なくありません。

このことは、戦争がひとたび起これば、すべてが破壊《はかい》されるということをあらわしています。たとえ、建物や街《まち》の風景はもとにもどっても、人の心に刻《きざ》まれた憎《にく》しみや悲しみは消えません。このまま貧しい生活が続けば、戦争が終わった時に抱《いだ》いた明るい未来への期待は失望へと変わって行き、しだいに貧しい生活への不満が生まれてきます。そうした不満がまた新しい戦争へとつながっていくのです。

わたしたちは、そうなる前に戦争で傷ついた人たちにさまざまな方法で手をさしのべなければならないと思います。今、自分が生きているこの時を同じように生きている人（隣人《りんじん》）に、わたしはまず何をしたらいいのか？　この本が、そう考えるきっかけになってくれればと願っています。

苦しみや悲しみの中にありながら取材を受け入れてくれた現地の人たち、その人たちを支える活動に身を捧《ささ》げる人たち、そして現地の人たちのメッセージを優れた番組や本にして伝えてくれた人たちに、心から感謝を申し上げます。とくに、『ようこそ　ボクらの学校へ』（DVD十本）を世に送り出し、新たな人たちとの出会いを与えてくださったNHK出版の松島倫明氏にあらためてお礼を申し上げます。

そして、いく度も筆の止まったわたしを根気強く最後まで導いてくださった汐文《ちょうぶん》社《しゃ》の村角あゆみ氏には格別の感謝とお礼の言葉を申し上げます。

最後に、いつも不安な気持ちを抱えながら、わたしを元気づけてくれた家族に「ありがとう」と言葉を送ります。

二〇〇五年六月末日

後藤健二（インデペンデント・プレス）

後藤健二（ごとう・けんじ）

ジャーナリスト。1967年宮城県仙台市生まれ。番組制作会社をへて、1996年に映像通信社インデペンデント・プレスを設立。戦争や難民にかかわる問題や苦しみの中で暮らす子どもたちにカメラを向け、世界各地を取材している。NHK『週刊こどもニュース』『クローズアップ現代』『ETV特集』などの番組でその姿を伝えている。著書に「ようこそボクらの学校へ」（NHK出版）がある。

●カバーデザイン：オーク

ダイヤモンドより平和がほしい
子ども兵士・ムリアの告白

2005年 7月　初版第1刷発行
2015年 2月　初版第14刷発行

著　　　後藤　健二
発 行 者　政門　一芳
発 行 所　株式会社 汐文社
東京都千代田区富士見2-13-3
角川第二本社ビル2F　〒102-0071
電話 03（6862）5200　FAX 03（6862）5202
http://www.choubunsha.com
印　刷　新星社西川印刷株式会社
製　本　東京美術紙工協業組合

NDC 916　ISBN978-4-8113-8001-8